普 天 之 下 · 盡 是 好 書
普天 出版家族
Popular Press Family
凌雲 文創
A-Plus Creative Company

純真過頭，小心變豬頭

用純真的態度做人，
用深沉的心思做事

公孫龍策——編著

赫胥黎曾經寫道：

人生最大的悲哀，就是純真的想法，往往被醜陋的事實扼殺。

確實如此，做人純真善良，固然是一種可貴的美德，但是也最容易淪為被人欺騙的豬頭。
如果你不想繼續讓自己成為小人耍奸耍詐的對象，除了必須擁有純潔的秉性之外，更須具備深沉的心思，抱持著純真的態度做人，用深沉的心思做事……

【出版序】

純真過頭，小心變豬頭

「盡信書不如無書」，同樣的，如果別人說什麼你就做什麼，完全失去自己的主張與判斷，那還不如憑自己的感覺闖一闖。

英國作家赫胥黎曾經寫道：「人生最大的悲哀，就是純真的想法，往往被醜陋的事實扼殺。」

確實如此，做人純眞善良，固然是一種可貴的美德，但是也最容易淪爲被人欺騙的豬頭。人要是不具備一些城府，不懂得判斷虛實，說好聽一點的是「單純天眞」，說難聽一點的就是「愚蠢無知」。

如果不想繼續讓自己成爲小人耍奸耍詐的對象，除了必須擁有純潔的秉性之外，

更須具備深沉的心思，抱持著純眞的態度做人，用深沉的心思做事。

某甲獨自在亞馬遜叢林中冒險，突然之間，他發現自己被食人族重重包圍，眼看著前無退路，後有追兵，某甲於是無奈的對著天空大喊：「我死定了，上帝啊，救救我吧！」

話才剛說完，只見天空出現一道白光，接著，傳來一個聲音說：「你這話還說得太早！現在，你照著我的吩咐去做。聽著，你立刻彎腰撿起地上最大的石頭，然後用力往帶頭的酋長身上砸過去！」

某甲聽了，毫不猶豫地從地上撿起一顆最大的石頭，瞄準酋長，使出吃奶的力氣狠狠地砸了過去，正好不偏不倚砸中了酋長的腦袋，令酋長當場腦袋開花、應聲倒地。

周圍的族人們見狀，先是呆了幾秒鐘，接著全都轉向某甲，每個人臉上的表情都像極了一頭憤怒的獅子。

此時，天上又傳來一個聲音：「現在你才是真的死定了……」

法國文豪巴爾札克曾經說：「虛偽的耶穌比撒旦更可怕。」

確實如此，一般人不容易被凶神惡煞欺騙，卻經常輕易地被那些看起來慈眉善目的有心人士坑騙。

人在遭遇意外的時候，往往是最迷惘的時刻，或許你會想要聽聽別人的說法，或許你會尋求別人的意見，但是千萬別忘記了，最終的決定權，依然掌握在你自己的手上。

俗話說：「盡信書不如無書」，如果只是一味相信書本，那還不如靠自己憑空摸索出一番道理。同樣的，如果別人說什麼你就做什麼，完全失去了自己的主張、自己的判斷，那麼，還倒不如憑著自己的感覺闖一闖。

普布利留斯曾說：「在大難臨頭的日子，任何謠言，都會被人相信，尤其是從老實人口中所傳出的謠言，更令人深信不疑。」

在這個爾虞我詐的年代中，千萬要記住，把我們害得最慘的，不見得是表面上奸詐的人，反而是那些看起來貌似忠厚的「老實人」。因此，千萬不要以外貌來評斷一個人，在這個人心叵測的社會，即使是貌似忠厚老實的人，也會在暗地裡幹壞事。

雖然很多時候，旁人的建議能夠一語點醒夢中人，但是我們的人生畢竟還是需要由我們自己來負責。因此，在照單全收之前，請先運用自己的腦袋過濾資訊，仔細分析這些建議是不是只是餿主意，不要因此而中了別人的詭計，也不要太低估了自己的能力。

01. 沒本事，也要懂得見機行事

「以德報怨」不是最好的做法，不要把別人當傻瓜，自己也不要淪為別人眼中的傻瓜。沒本事，也要懂得「見機行事」。

02. 面對挑釁，何必太認真？

若是你不希望讓周遭的小人煩擾生活，不希望被無謂的事情擾亂心情，就讓看事情的視野多一些角度吧。

03. 笨頭笨腦，就別想投機取巧

世界上沒有一件事情是不需要代價的，無論你曾經做過什麼，它都會報應在你最在乎的事情上面。

04. 你也可以光明正大說謊話

「弄假成真」的手段並不高明，也不夠高尚，但是，這在爾虞我詐的社會中，在政治的競技場上，能夠正大光明的又有幾個？

05. 想得太美好，只會增添懊惱

看上你的人未必真的喜歡你，更大的可能，是他看上了你的利用價值，或者是一時看走了眼。

06.

如何擺脫小人的糾纏？

日常生活中，每個人或多或少都有不能避免的人情壓力和煩人瑣事，為了擺脫糾纏，不動動腦袋想計謀是不行的。

07. 見怪不怪，才不會受傷害

若是不想因好奇而破壞原本愉悅的心情，不如就傻一點、遲鈍一點，至於那些無關乎自己的事，就不要打破沙鍋問到底吧！

08. 先搞清楚，再決定要不要發怒

碰到不如意的事時，你可以生氣，但必須完全了解狀況後再生氣；你也可以憤怒，但要了解憤怒對事情並沒有什麼幫助。

09. 遇到危機，要懂得渾水摸魚

善用幽默感不但能為自己免去責難與麻煩，也能為別人的生活添上一筆歡樂、明亮的色彩。

10. 用另類的方式改變對方的態度

溝通，並不是一味強迫對方接受自己的想法，也不是一味屈躬卑膝試圖改變對方自以為是的態度，而是以恰當的方式找出彼此的折衷點。

11. 提升應變能力，才能逢凶化吉

現實生活裡，任何事都可能發生，許多人習慣以硬碰硬，或以強制的手法來解決事情，其實，這種方法只會讓事情變得更加棘手而已。

12. 面對誠實的人，就用誠實的方法

人與人之間的相處，可以是君子之爭，不必奉承阿諛，更不必費心猜疑，才不會有相互拉扯的兩敗俱傷。

01

沒本事，也要懂得見機行事

「以德報怨」不是最好的做法，不要把別人當傻瓜，自己也不要淪為別人眼中的傻瓜。沒本事，也要懂得「見機行事」。

太過主觀，會被騙得團團轉

能堅守自己的原則與價值觀當然很好，但要是太過主觀，就會成了頑固的「死硬派」，反而看不見事情背後所隱藏的真相。

當一個人連續犯了三個錯，人們很自然就會懷疑，接下來的錯事一定都是他的傑作。事實上，這種成見可能會讓我們錯過許多認清事實的機會，更有可能讓我們冤枉好人、誤信小人，上了當還不自知。

太過主觀，很容易被騙得團團轉。

有個人開車在道路上行駛，結果因為超速而被警察攔下，警察依照慣例對他開口：「我可以看一下你的駕照嗎？」

豈知，這個駕駛人竟然回答：「我沒有駕照，我的駕照在我第五次酒後駕車時就被吊銷了。」

警察接著問：「那我可以看一下行照嗎？」

「喔，這不是我的車，這是我偷來的。」駕駛人若無其事的說。

「你是說……這台車是贓車？」警察簡直不敢相信自己的好運氣。

駕駛人點點頭，大方承認：「是的，這車是我偷來的。喔！對了，我剛才把槍放進置物箱的時候好像有看到行照。」

「你是說，你把槍放在置物箱裡？」警察問。

駕駛人說：「是的，我就是用那把槍解決掉這輛車的主人，然後把屍體丟到後車廂，所以我才能開這輛車……」

「什麼？後車廂裡有具屍體？」

警察嚇了一跳，馬上轉身偷偷回報總部，才一眨眼的工夫，現場就已經被一堆警車包圍得水洩不通。一名看起來像是高階警官的人，面無表情慢慢地走近那台贓車，準備接手這件強盜殺人命案。

高階警官依照慣例對駕駛人說：「先生，我可以看一下你的駕照嗎？」

「當然可以，這裡……這是我的駕照。」駕駛人突然變得很有禮貌，立刻雙手奉上文件。

警官繼續盤問：「請問這是誰的車？」

「是我的，你看，這是我的行照。」駕駛人的態度十分配合。

警官露出了狐疑的眼神說：「那你能不能慢慢打開你的置物箱，好讓我檢查一下裡面是不是有槍？」

「是的，警官……可是，我並沒有槍啊……」置物箱打開之後，裡面果真如他所說，連枝玩具槍都沒有。

警官感到納悶不解，接著問：「你可以打開你的後車廂嗎？我屬下告訴我說，裡面有屍體。」

「真的？怎麼會有這麼奇怪的說法？好，我馬上開給你看……」

當然，後車廂裡面也找不到傳說中的屍體。

這種情況，讓警官覺得有些尷尬，搔了搔後腦勺，很不好意思地對駕駛人說：

「這就奇怪了，剛剛攔下你的那個警察說你沒有駕照，沒有行照，而且車上還有把槍，有具屍體！怎麼會這樣子呢？」

「哼……我敢打賭，那個王八蛋還跟你說我超速駕駛是不是？」駕駛人忿忿不平地說。

大部分的人都很容易被自己心裡既定的成見牽著鼻子走。

當然，每個人因爲生長環境的不同，必然會造就出不同的個性、觀念、價值觀，這些都深深的影響了每個人理解事情的角度。不過，這也是形成成見的主要原因。

在做人處世方面，能堅守自己的原則與價值觀當然很好，但要是太過主觀，就會成了頑固的「死硬派」，反而看不見事情背後隱藏的眞相。

因此，在需要做出判斷的時候，我們應該要盡可能隨時保持頭腦清明，將個人好惡排除在外，才能避免落入因個人主觀而形成盲點之中，可以從客觀的角度將事情的脈絡看得更清楚。

沒本事，也要懂得見機行事

「以德報怨」不是最好的做法，不要把別人當傻瓜，自己也不要淪為別人眼中的傻瓜。沒本事，也要懂得「見機行事」。

老生常談的一句話：「你怎麼對別人，別人就會怎麼對你。」反過來說，別人怎麼對你，你最好也別客氣，要懂得「見機行事」，以同樣的方式回敬他。

春嬌和志明新婚不久，志明就離開家到外地去謀生。臨走前，他答應春嬌，兩個星期以後就會匯錢回家。

可是，春嬌等了很久，一直沒有收到錢，眼看著交房租的日子到了，於是著急地打電話給志明說：「房東逼房租逼得很緊，你趕快想想辦法匯錢回來吧。」

志明聽了，回答說：「最近手頭不方便，過幾天一定匯錢回去，親愛的，給妳一千個吻。」

第二天一大早，志明便收到春嬌的簡訊，上頭寫著：「親愛的，現在不用急了，你給我的一千個吻，昨晚我已經轉交給了房東，他說這個月的房租不用交了。」

正因爲步入婚姻之後，必須面對許許多多現實問題，因此，愛情一開始就應該是熱情和責任的混合。唯有如此，才不會出現故事中的情節，男的推託自己應該擔負的責任，女的只好自謀出路。

人與人之間是相對的，若是你不仁，那麼就不要怪別人不義。

「以德報怨」不是最好的做法，不要把別人當傻瓜，自己也不要淪爲別人眼中的傻瓜。沒本事，也要懂得「見機行事」，正如孔子所說：「以德報怨，何以報德？」每個人都應該要學著對自己好一點，因爲，沒有人可以照顧你一輩子，只有你，才是自己永遠的依靠。

要做好人，先做好事

想要得到別人尊敬，就要從尊敬自己開始。不要問別人為什麼不把你放在眼裡，先問問自己究竟做了哪些值得尊敬的事情！

要怎麼樣才能做個受人歡迎的人呢？

星雲大師提出一個建議：「令人害怕不如令人喜愛，令人喜愛不如令人讚美，令人讚美不如令人尊敬，令人尊敬不如令人懷念。」

話說某個南美洲小國總統為了提高自己的聲望，決定發行一種上面印有自己肖像的郵票。

發行了一個多月以後，總統決定親自到郵局查看銷售的情形。

他詢問郵局的員工說：「郵票銷售的情形怎麼樣啊？」

員工回答：「還不錯……只是經常有人抱怨黏不牢。」

「喔？怎麼會這樣呢？」為了檢驗郵票的品質，總統順手拿起了一張郵票，在背面吐了口口水，然後再用力地黏在一張紙上。

「你看，這不是黏得很牢嗎？」總統得意地說。

員工見狀，只好小聲地解釋道：「可是……可是大家看了那一款郵票，不知道為什麼，他們總是把口水吐……吐在正面……」

做人難，要做好人更難，要做個令人尊敬的人更是難上加難。

如果你總是唯唯諾諾，人家會說你是鄉愿；如果你總是正氣凜然，人家又說你不近人情；如果你什麼事情都點頭同意，人家會說你沒有原則；如果你什麼事情都搖頭否定，人家又說你難以伺候。

做人難，這是因爲我們總在意別人的眼光；做好人很難，這是因爲我們太介意他人的評斷。

做個受人尊敬的人更是難上加難，這是因爲連你自己都不敬重自己了，別人又怎麼會尊敬你呢？

所以，想要得到別人的尊敬，就要從尊敬自己開始。

不要問別人爲什麼不把你放在眼裡，先問問你自己究竟做了哪些值得人們尊敬的事情吧！

別因金錢問題破壞情誼

「有借有還，再借不難」，只要雙方都謹記有借有還的原則，就不會因為金錢問題破壞兩人之間可貴的情誼。

莎士比亞曾說：「奸詐小人的眼淚，往往容易博得人們的同情。」

人總是憐憫弱者，正因爲這項弱點，才會讓那些刻意裝可憐的小人有可乘之機。如果你不想讓小人的奸計得逞，那就不要太過純潔善良，以免被有心人當成予取予求的豬頭。

話說小王常常向朋友借錢，而且總是有借無還，令他的朋友十分頭痛，紛紛想盡辦法避開他這個人。

某天上午，小王在巷口巧遇他的舊識小吳，小吳在碰個正著的情況下，一時之間閃躲不及，只好尷尬地向小王打招呼。

負債累累的小王好不容易遇到朋友了，立刻抓住機會說：「老哥，我最近手頭好緊，不但房貸繳不出來，信用卡債也欠了一堆，我實在不知道在這個地球上我還可以向哪一個朋友借錢了……」

小吳聽到這裡，馬上打斷小王的話說：「我真高興聽到你這麼說，剛才我還以為你要向我借錢呢！」

向別人借錢是很不好意思的事，但其實被人借錢的處境更加難堪。

有過這種經驗的人都知道，別人向你開口借錢，是把你當朋友，所以基於朋友的立場，你不借他不僅會傷了對方的自尊心，還可能讓這段友情無疾而終；但若是狠下心來借錢給他，又怕會傷了自己的荷包，更怕他從此不會出現在你眼前，這意味著你損失了金錢，也少了一個朋友。

在這種進退兩難的時刻，被借錢的人反而比向人借錢的人更加爲難。

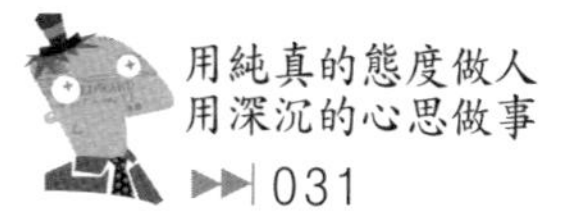

話說回來，向人借錢的人應該秉持一個原則，就是「有借有還，再借不難」，而借錢出去的人，也應該抱持一個信念，就是「這不是『借』，而是『給』」，既然當對方是朋友，那麼在自己的能力範圍內，多付出一點又有什麼關係呢？

況且，他若是把你當朋友，自然不會忘記你的恩情；他若是不把你當朋友，花點小錢去看清一個人，不也很值得嗎？

不論是向人借錢或是被人借錢都是一種令人尷尬的處境，但只要雙方都謹記有借有還的原則，就不會因爲金錢問題破壞兩人之間可貴的情誼。

「鴕鳥心態」只會帶來傷害

自欺欺人的行為不單引人恥笑，自己也無法面對現實、自我改進，總是不斷重複自己愚蠢的行為，成為眾人笑柄。

有句話說：「當你打算偽裝的時候，整個身體就會開始背叛。」人在說謊或是意圖欺騙的時候，連身體都知道這是不對的行爲。所以，做人還是誠實一點，不要以爲自己眞的那麼天縱英明，可以輕而易舉地騙過別人，有時候別人只是不屑拆穿你的蹩腳演技而已。

有個人第一次到女朋友家中拜訪她的家人。

沒想到這一天他正巧肚子不舒服，竟當著女朋友媽媽的面放了一個有點響又不會太響的屁。他羞愧得想挖個洞鑽下去，還好，女朋友媽媽聽到後只用威脅地語氣叫：「來福！」

這個人順著女友媽媽的視線一看，看到他們家的狗「來福」正躲在他的椅子下。這下子，他可就放心了，反正有個替死鬼，他再怎麼放屁也不必擔心失禮。因此，隔了一會兒，他又偷偷放了個屁。

女友的媽媽聽見了，再次厲聲喚道：「來福！」

那個人心想：「嘿嘿！就算這隻狗倒楣囉！」於是心情一放鬆，又大力地放了個超響的屁。

此時，只聽到女友的媽媽焦急地叫道：「來福，叫你過來，你還不趕快過來，小心下一次他就拉屎在你身上了！」

許多人欺騙了全世界，卻始終騙不了自己。但更多人是欺騙了自己，卻以爲瞞過了全世界，也因爲這種愚蠢的鴕鳥心態鬧了很多笑話。

世人往往忙著應付別人的眼光，想要在他人面前維持美好的形象，卻忘了最需要安撫、最需要面對的，其實是自己。

因爲，即便你欺騙了全世界，也騙不了自己，夜裡依舊輾轉反側、於心不安，所以俗語才說：「若要人不知，除非己莫爲。」

相反的，也有人是欺騙自己，以爲全世界都未發現自己做的蠢事。這種自欺欺人的行爲不單引人恥笑，自己也無法面對現實、自我改進，總是不斷重複自己愚蠢的行爲，成爲衆人笑柄。

生氣不會帶來任何利益

生氣就像是一把火，模糊了你眼前的畫面，也阻斷了向後的退路；燒傷了別人，也燒痛了自己。

當你忍無可忍，實在很想發脾氣的時候，不妨靜下心想想：生氣對自己到底有什麼好處？

雖說每個人都有與生俱來的脾氣，但是別忘了，每個人也都該有控制脾氣的修養。遇到令人生氣的事當然可以指正對方的錯誤，只是千萬別在生氣的當下，因爲被怒氣沖昏時，很容易就做出令自己後悔莫及的行爲。

某公司的老闆巡視倉庫時，發現一名工人悠閒地坐在地上看漫畫。

這個老闆平時要求員工甚嚴，最痛恨工人在工作時間偷懶，所以一看到這情景，便上前冷冷地問他：「你一個月的薪水多少？」

那名工人回答：「三萬。」

老闆於是立刻交代秘書給那名工人三萬塊錢，並對著他大吼：「拿了錢馬上給我滾！」

直到那個懶惰蟲消失以後，老闆的怒氣仍未消，問其他職員：「那名懶散的工人是誰介紹來的？」

只見這名職員低聲回答：「他……不是我們公司的人，他是從其他公司送貨過來的。」

證嚴法師說過：「生氣就是拿別人的錯誤來懲罰自己。」

因爲生氣，所以沒有多餘的力氣去注意別的事情；因爲生氣，所以許多早就應該察覺的細節就輕易被忽略了；因爲生氣，所以該做的事沒有做好，而沒有做好的事又令你更加生氣，於是就成了惡性循環。

一位智者被問到控制自己情緒的秘訣時，只簡單地回答一句：「人能活多久？爭什麼？怨什麼？恨什麼？」

著眼於當下，人都難免心有不平，但是放眼於大處就會發現：今天令你怒火中燒的大事，到了十年之後只是茶餘飯後時閒聊的話題；今天令你咬牙切齒的遭遇，和真正不幸的人相較起來又有什麼大不了？

生氣就像是一把火，模糊了你眼前的畫面，也阻斷了向後的退路；燒傷了別人，也燒痛了自己，實在是件既不利人又不利己的事啊！

謹言慎行才不會陷入險境

這個世界上，總是有太多「想太多」的人存在，即使是小小的無心之過，也會為自己帶來麻煩。

法國文豪雨果曾說：「謹慎是智慧的長子。」

我們應該注意到，一個謹慎的人不會故意將自己推入危險的處境中，不會過度誇耀自己，總是能適如其分地表現出應有的言行，並且在險惡環境中展現出明哲保身的智慧。

據說，明太祖朱元璋有一天心血來潮，想在大殿的牆壁上畫一幅「天下山河圖」，如此不但壯麗美觀，並可趁機將自己的功蹟昭告世人。

隨即，朱元璋召來畫師周玄素，委以重任。

周玄素深感責任重大，又知道朱元璋生性多疑，稍有不慎，恐怕性命難保。

於是，他稍做思考，便向前拜倒說：「啟稟皇上，臣尚未走遍天下，見識淺陋，不敢枉作此圖，還請陛下先畫一個初稿，我再斗膽潤色。」

朱元璋一聽有理，於是提筆畫了一個初稿，畫完了便命周玄素潤色。

周玄素說：「陛下定的江山，臣豈敢隨便更改？」

朱元璋一聽，心想：「江山是我打下的，山河當然由我定，哪能由人隨便更改？」於是一笑了之。

朱元璋的個性向來陰晴不定，而且疑心病非常重，在他身邊的人不可能不知道這一點；他一時興起將此事委託於周玄素，難保過幾天不聽信讒言，認爲周玄素妄作天下山河圖，分明是自己想當皇帝。如此一來，周玄素就算有一百顆腦袋也不夠砍！

因此，我們可以說，周玄素以謹慎與智慧，在那個只要一個應對出了差錯就可能慘遭殺身之禍的年代，為自己保住了一條性命。

同樣的，身處複雜社會的我們，也要時時提醒自己「謹慎」這兩個字，隨時留意自己是不是處於類似的情境中？雖然言者無心，但是誰能保證聽者會不會有另一番充滿猜疑的解讀？

要知道，這個世界上，總是有太多「想太多」的人存在，我們若不小心留意，一個無心之過，可能就會為自己帶來無窮的麻煩。

如果可以的話，也要儘量避免一些容易引起誤會或敵意的行為，才能夠在複雜的人際脈絡中全身而退。

讓小人自己去傷腦筋

活用你的腦袋吧！方法和生機全在你的大腦裡，只要動一動腦，你就能發現另外的一片天地。

希臘哲聖蘇格拉底曾經語重心長地這麼說：「不經思考、反省的人生，是不值得活下去的。」

在人生的各項競爭中，是否具備聰明才智，往往是決定勝負的關鍵。因此，平常就得經常鍛鍊自己的腦力，讓才智像太陽一樣發光，如此它才可能成爲你克敵致勝的秘密武器。

這是一個腦力競賽的時代，當你遇到人生中的困境和危機之時，往往就是測試自己生命價值的關鍵時刻。

古希臘時代，有位國王為了彰顯他的「仁慈」，特地允許囚犯自行選擇死亡的方式，方法有二，一是砍頭，二是絞刑。

但是，國王讓囚犯選擇死亡的方法卻很可笑，他要求囚犯在臨死前，隨便說一句話，並由他當場檢驗這句話的真假，倘若囚犯說的是真話，便處以絞刑，說假話就要被砍頭。於是，臨刑前，每個說真話的囚犯一一上了絞刑台，說假話的囚犯則一個個人頭落地。

這時，國王的衛士把一個名叫布爾的囚犯帶到了刑場，讓他和其他囚犯一樣，先說一句話來斷定真偽之後，再決定行刑的方式。

這時，只聽見聰明的布爾說：「國王陛下，您會將我砍頭！」

國王聽了之後，不禁大傷腦筋，想了半天也想不出話中的真假。如果布爾說的這句話算真話，那麼就得處以絞刑；但是若處以絞刑，那麼這句話就會變成了假話。同樣的，如果這句話算假話，那麼就得將他砍頭，但是，要真砍頭的話，這話便又成了真話。

只見國王搔得頭髮都亂了，仍然想不出結果來，最後他只好宣佈將布爾放走，赦免了他的死刑。

在「你不詐人，人必詐你」的人性戰場上，我們的身邊充斥著噬人害人的小人，如果你不懂得把心機發揮在可以勝出的地方，那麼你永遠都只是這場戰役中的輸家，被小人玩弄於股掌之中。

不能以武力征服的，靠智慧每每制勝，如果你不能識破小人正的「搞詭」伎倆，不能用智慧化解，就會淪爲任人宰割的「蠢蛋」。

聰明的布爾，利用邏輯中的矛盾，才得以僥倖免於一死，如果他只會呼天搶地的喊「大人冤枉」的話，下場當然是死路一條。

日常生活之中也是如此，當你不小心被小人逼進了死胡同裡，你是在那裡拼命地繞圈圈、鑽牛角尖，還是坐以待斃等著死期的到來，還是設法絞盡腦汁將問題丟還給對方，讓他自己去傷腦筋呢？

文藝復興時期的大藝術家達文西說：「鐵不用就會生鏽，水不流就會發臭，人的智慧不用就會枯萎。」

確實如此，唯有懂得運用智慧的人，才可能激發高明的創意，爲自己創造出無可比擬的競爭力。

活用你的腦袋吧！方法和生機全在你的大腦裡，只要動一動腦，你就能發現另外的一片天地。

太過驕傲，小心變成玩笑

喜歡誇耀自己的人，通常都十分孤芳自賞。就算全世界的人都遺棄他，他也會覺得，這肯定是因為自己太過優秀所致。

鋒芒畢露的壞毛病，可以說是人格和智慧上的缺陷。

人可以自信，但是不要自大驕傲，否則就像得意忘形的猴子，炫燿自己爬得很高的時候，把自己的屁股和尾巴暴露在別人面前。一個人的自負除了阻止他進步以外，沒有任何價值。人可以爲自己所擁有的東西感到滿足，但不是洋洋得意。

有個富人素聞阿凡提聰穎過人的名聲，很不服氣，於是便騎著騾子，從很遠的地方特地趕來和阿凡提鬥智。富人來到阿凡提的家鄉以後，正好遇到在田裡吆喝著驢子犁地的阿凡提。

富人不知道自己千辛萬苦要找的阿凡提就在眼前，只當他是一般的尋常農夫，便上前對阿凡提說：「喂，我聽說你們這兒有個叫阿凡提的是嗎？我聽說他很聰明，特地來看看他究竟有多聰明，你快去把他叫來吧！」

阿凡提故弄玄虛地說：「這個人神出鬼沒，鬼點子又多，你還是離他遠一點，省得上他的當吧！」

「少吹牛了，我才不怕呢！」富人誇口道：「你快把他叫來，我讓他當眾出醜給你看看！」

「哇，這可精采了！」阿凡提聽了這話，故意用興奮的語氣說道：「喔？我從來沒見過，也沒聽說過阿凡提曾經輸過誰，今兒個倒可以好好開開眼界啦！這樣吧，你就在這裡替我看著我的毛驢和犁，我騎你的騾子，立刻把他找來！」

富人想也不想，便答應了阿凡提的建議。

阿凡提騎上富人的騾子，一會兒工夫就跑得不見人影。富人在田裡等了又等，一直等到天黑，都不見阿凡提的蹤影，只好騎上那頭毛驢進城投宿。

第二天早上，富人在城裡遇見阿凡提，立刻上前一把抓住他的衣領，大罵他戲弄人。阿凡提這才笑著說：「哈！你親口承認你上當啦！告訴你，我就是你要找的阿凡提呀！」

富人一聽，知道自己未比先輸，只能自認倒楣，甘拜下風。

當你誇耀自己有多聰明時，其實就等於是在宣傳自己有多笨！不管你有多聰明，都不要在別人面前炫耀你的才智，因爲那只會讓君子不齒、小人眼紅。有多少本事，自己知道就好。如果你眞的那麼好，別人自然會看得出來，根本不需要老王賣瓜自賣自誇。

這類喜歡誇耀自己的人，除了惹人厭，通常都還有另一項特點，那就是眼高手低、孤芳自賞。就算是全世界的人都唾棄他，他也會覺得，這肯定是因爲自己太過優秀所致。

想一想，有時候還眞不知道，這些人究竟是看不見自己的缺點，還是眞的對自己有過人的自信心呢？

02

面對挑釁，何必太認真？

若是你不希望讓周遭的小人煩擾生活，不希望被無謂的事情擾亂心情，就讓看事情的視野多一些角度吧。

對你好的人，不一定是貴人

只要讓自己快速學會對付小人，你就能在小人欺負你時，知道如何見招拆招，反過來牽著對方的鼻子走！

作家蒙森曾說：「凡是小人，通常都有一個共同點，那就是他們往往都會戴著貴人的面具出現在你身邊。」

因此，千萬別天眞地以爲在你最困難無助的時候，向你伸出援手的人，就是拯救自己的貴人，因爲，這個在你眼中的「貴人」，極有可能就是在背後讓你陷入困境的那隻黑手。

爲人處世有個很重要的教訓是：不可太信任別人。當然，這並不是教你陷入另一個極端的猜疑，而是提醒你凡事要先進行了解，千萬不要因爲人家說什麼，你就

照著做什麼，否則就會被身邊的小人耍得團團轉。

紐約電話公司的總經理麥卡隆，因為小時候被人開了一次大玩笑，於是學會了自我判斷與自我解決事情的能力。

當時他還是個小孩，雖然工作經驗還不少，卻很容易上當。那時的他在火車站的車道上做各種零工，常常受到一些工人的愚弄。

在一個炎熱的夏天中午，位於山岩與河流之間的車站熱得像鍋爐一樣，有個叫比爾的工頭，卻煞有介事地要求麥卡隆去拿一些「紅油」，以便晚上點「紅色的電燈」之用。他告訴麥卡隆「紅油」得到圓房子裡拿，麥卡隆恭恭敬敬地接收指令，便到那裡跟他們要「紅油」。

「紅油？」那裡的職員十分奇怪地問：「做什麼用的呢？」

「點燈用的。」麥卡隆解釋說。

「啊，我曉得了。」那個職員心中似乎明白了：「紅油是在過去那個圓房子的油池裡。」

於是，麥卡隆就在那滾燙的焦煤碴上又走了一里路之遠。到了油池那裡，有人告訴他「紅油」並不在那裡，更不知道那是什麼東西，於是便叫他到站長的辦公室裡去問清楚。

麥卡隆在大太陽底下，就這麼來來回回走了一整個下午，最後他著急了，便跑去問一個年老的工程師。

這個慈祥的老工程師心疼地望著他說：「孩子呀！你不曉得那紅光是紅玻璃映射出來的嗎？你現在回到工頭那裡去和他理論吧！」

麥卡隆得到這次教訓後，發誓以後絕不要像呆子一樣，被人玩弄了還搞不清楚狀況，他決心以後做任何事都要把眼睛睜大，耳朵聽仔細，腦袋瓜子也不再只是用來放帽子的地方。

法國大文豪雨果在他的名著《鐵面人》中，曾經這麼譏諷地寫道：「天底下最可憐的笨蛋，是那些從來不懷疑別人可能言行不一，而對別人所說的話一味地信以為真的人。」

現實的社會充滿陷阱，處處可以見到欺騙、詭詐、巧取豪奪；複雜的人性捉摸不定，有時散發著善良的光輝，有時流露著醜惡的慾望。

每個人的身邊都會圍繞一群小人，諷刺的是，我們都曾因為認識不清，對這群小人深信不疑。在這個大家認爲「小人不能惹」的年代中，具備一點心機，做好自保工作，無疑是防範小人耍奸耍詐的首要課題。

害怕被小人愚弄、欺負嗎？那麼你就要把眼睛睜亮點，腦子放靈活些，懂得判斷，並且努力學習。只要讓自己快速上手，你就能在小人欺負你時，知道如何見招拆招，反過來牽著對方的鼻子走！

不要習慣依賴別人，也別老是等待別人的答案，你必須要有自己的判斷力，要有自己看待人事物的方法，多用自己的大腦去思考，你才能走出自己的路。

逆向思考，就能找到新方向

在現代人性叢林中，別只會在筆直的道路上行走，迷了路只會停在原地等待救援。

想從芸芸眾生中脫穎而出，比別人早一步成功，你必須同時具備做人與做事應有的應變智慧。

當事情陷入膠著狀態，你能不能適時運用自己的聰明機智，讓它朝著自己希望的方向發展？

所謂的機智，就是發現不同事物之間的相似之處，以及發現相似事物之間的差異。機智對於人際之間的應對進退有著無窮妙用，面對那些惹人厭的人事物，每個人都應該設法讓自己聰明一點。

美國有個店員，因為工資糾紛要和老闆打一場官司，於是請了一位很有名的律師幫他打這場官司。

不知道為什麼，店員與老闆的工資糾紛，演變到後來，竟然成了債務糾紛，不過雙方在這件事情上都沒有證據，都無法證明自己的清白。

這個店員非常擔心會輸了這場官司，即將宣判之時，他向律師提出一個想法，想送一份厚禮給法官。

律師一聽，連忙制止：「千萬別送禮，這時候送禮反而證明你心中有鬼，本來還有贏的機會，一旦送了禮，那麼你肯定要輸了。」

店員了解的點點頭，表示不會送禮。

但是，他回到家後，想了想律師的話，覺得裡面大有文章可做，於是他瞞著律師，仍然送了法官一份厚禮。

沒想到，不久之後法庭開庭判決，店員贏得了這場官司。

這個店員十分自豪地對律師說：「感謝您當初給我的指點，我還是送了一份厚禮給法官，不過在禮品的名片上，我寫上了老闆的名字。」

律師聽到後，目瞪口呆地一句話也說不出來。

店員因爲送禮而打贏了官司，關鍵在於他有一顆靈活思考的腦袋。當別人只用一條直線在思考，認爲「送禮」是理虧的證明的時候，他卻能反向思考、逆向操作，尋找新的解決辦法，亦即假冒老闆的名義送禮，讓法官對老闆產生不良印象。

這估故事無疑告訴我們，在現代人性叢林中，別只會在筆直的道路上行走，迷了路只會停在原地等待救援。其實，你一點也不需等待別人的救援，因爲，只要你肯花點腦筋，再多繞幾個彎，就能到達目的地了。

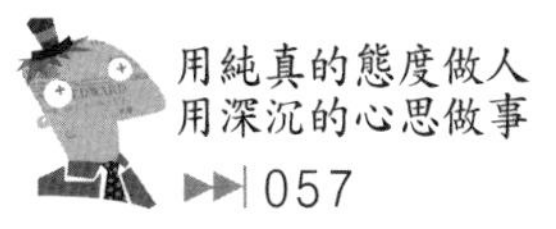

不要聰明反被聰明誤

不要太相信自己的學經歷，天才與蠢才之隔，就是一個時常動腦思考，一個靠著小聰明而頻頻跌倒。

德國科學家貝爾納曾說：「不少學者就像是銀行的出納人員，即使掌握了許多金錢，這些錢也不是他的財產。」

正因爲如此，我們才會在層出不窮的詐騙案中，赫然發現許多受害者有著超高學歷，甚至是教授級人物。

不是會唸書的人就一定聰明，也不是學歷高的人說的話就一定對，因此，別再仗著自己有些小聰明而志得意滿。

如果你沒有讓自己繼續成長，你的小聰明永遠就只有那些。

成長與學習停滯的人，永遠也不會有大智慧，希望自己能有所成就，肯定是件困難的事。

一位美國汽車修理師有一個習慣，非常喜歡在工作時說笑話。有一次，他從引擎蓋下抬起頭來，問一位前來修車的博士：「博士，有個又聾又啞的人到一家五金行買釘子，他把兩個手指頭並攏，放在櫃台上，又用另一隻手做了幾次鎚擊動作，於是店員給他拿來一把鎚子。他搖搖頭，指了指正在敲擊的那兩個手指頭，店員便給他拿來了釘子，他選出合適的就走了。接著，店裡又進來了一個瞎子，他要買把剪刀，你猜他要怎麼表示呢？」

這位博士想了一下，便舉起右手，用食指和中指，做了幾次正在剪東西的動作。修理師一看，開心地哈哈大笑起來：「啊！博士你真笨，他當然是用嘴巴說要買剪刀呀！」

接著，這個汽車修理師又得意洋洋地說：「今天，我用這個問題把所有的顧客都考了一下。」

「上當的人多嗎？」博士急著問。

「不少。」汽車修理師說：「但是，我早就知道你一定會上當。」

「為什麼？」博士詫異地問。

「因為你受的教育太高了，博士，光從這一點，我就可以知道你的腦袋打結，不會太聰明啦！」

人生充滿危機和變數，人不可能全知全能，出糗與上當是每個人都沒有辦法逃避的人生考驗，狡詐的人永遠會想盡辦法挖掘你的盲點，刺激你的缺陷，好讓你暴露出更多弱點，然後把你耍得團團轉。

擁有多少知識並不等於擁有多少才智，現實生中充滿著許許多陷阱，勤於思考才是避免犯錯的最佳途徑。

不要太相信自己的學經歷，天才與蠢才的區隔，就是一個擁有大智慧，時常動腦思考，一個靠著小聰明而頻頻跌倒。

如果你常覺得自己懷才不遇，或者老是上當受騙，那麼你可要重新評估自己的聰明才智囉！

太過自信的人，往往活在自我設限的框架中，讓原有的聰明才智難以發揮。其實，成敗皆在你手中，眞正成功的人不會迷失在別人精心佈置的疑陣中，也更明白如何才能一鳴驚人，爲自己創造無人能取代的地位。

面對挑釁，何必太認真？

若是你不希望讓周遭的小人煩擾生活，不希望被無謂的事情擾亂心情，就讓看事情的視野多一些角度吧。

面對別人的挑釁，你都是臉紅脖子粗地回應嗎？

其實，看事情的角度有很多，面對別人的挑釁舉動，除了動氣之外，你可以有不同的解釋和不同的面對態度，讓想使你出糗的人出糗。

只要發揮你的智慧，你希望事情怎麼進展，你就能看見期望的結果！

美國自由派牧師亨利．沃德和他的姐姐，《湯姆叔叔的小屋》的作者斯朵夫人，都是廢除奴隸運動的鼓吹者和參與者。由於亨利．沃德經常在佈道時，揭露奴隸制度的罪惡，因此經常遭到奴隸主人的辱罵和攻擊。

有一次，他收到了一封信，拆開一看，上面只寫了兩個字：「白癡」。佈道時，沃德談到了這件事，戲謔地說：「我常常收到寫完了信，卻忘了簽上自己名字的人，但是，居然有人只記得簽下自己的名字，卻忘了寫信，今天我倒是頭一次遇到。」

還有一次，沃德正在發表反對奴隸制度的演說時，台下突然傳出了一陣「喔喔喔」的雞鳴聲，這時會場一陣嘩然，沃德只好停止演講。

原來，台下的聽眾裡，有一些贊成奴隸制的主人，故意模仿雞叫的聲音，想干擾沃德的演講。但是，沃德非常鎮定，臉上沒有一點惱怒的神情，只是從口袋裡慢慢地拿出懷錶，認真地看了一遍，又來回晃了幾下。

他這個舉動立刻吸引了台下的聽眾，會場頓時又安靜了下來。

於是，他滿臉認真地對聽眾說：「太奇怪了，我的懷錶還好好的，沒有任何毛病啊！可是懷錶的時針卻指著十點鐘，我很肯定現在應該是清晨才對，因為下面那些雞在叫喊，絕對是出自於動物的本能！」

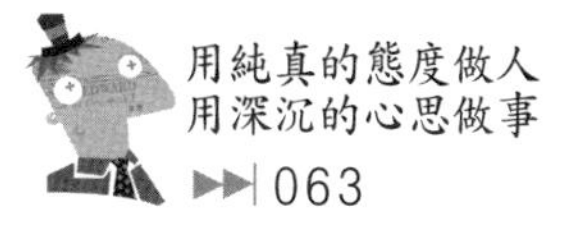

詩人薩克雷曾經說：「假如你不懂得如何應付身邊那些討厭的小人，那麼，你一定不會成為智者。」

在這個人心叵測的時代，做人做事要多一點心眼，面對不懷好意的對手，更要懂活用自己的腦袋化解窘境。

當沃德的處理方法讓人會心一笑時，我們同時也發現，對事物的解釋方式原來比事物本身更重要，一切端看我們面對事情抱持什麼樣的態度，以及如何設定解釋的角度。

思考應該是寬闊的、深刻的，若是你不希望讓周遭的小人煩擾生活，不希望被無謂的事情擾亂心情，就讓看事情的視野多一些角度吧。

別當漲紅了臉的驢子

許多害怕技不如人的人，常會以嘲笑他人來掩飾自己的不足，殊不知當他嘲笑別人之時，也正嘲笑了自己。

缺乏才智的人最喜歡做嘲笑別人的事，蘇東坡就認為「笑人者可笑」，這是因為才智不足的人，只會用嘲笑的方法面對高手，或者一味虛張聲勢，卻怎麼也不敢與高手過招。

面對這樣的人，不要讓對方的敵意左右自己的意志，何妨以對方的邏輯加以回敬，讓他好好認清自己的嘴臉。

如果你懂得發揮創意，許多看似難堪的場面都會變得對自己有利。

德國著名的詩人海涅是猶太人，有一段時間，常常因為種族問題，而在公共場合中被一些無聊的人士侮辱和攻擊。但是，海涅總是憑著機智、幽默，輕鬆地應付過去，把尷尬留給對方。

有一天，在一個晚會上，有個不懷好意的傢伙又想找碴，便故意趨前對海涅說：「我發現了一個小島，奇怪的是，這個島上竟然沒有猶太人和驢子哩！」

海涅看了他一眼，並沒有因為對方的侮辱而動氣，只是不急不徐地回答說：「喔？照這樣看來，只有你跟我一起到那個島上，才能彌補這個缺陷吧！」

在場賓客聽了這番妙答，不禁哄堂大笑，那個想要羞辱海涅的人，瞬間成了一頭漲紅臉的「驢子」。

想要提昇自己的處世競爭力，做人做事不一定要八面玲瓏，但是，一定要講究策略和技巧，幽默的談吐和適時的機智不只可以替自己解圍，同時也可以是和別人輕鬆溝通的工具。

當批評別人多過於反省自己，當審視事情的深層意義少於表面偏見，你的表現只會讓人覺得一無是處。

古人有云：「莫笑人短，莫恃己長」，一旦你刻意去嘲笑別人的缺點時，聰明的人早已看出你究竟是什麼貨色了。

日常生活中，許多害怕技不如人的人，常會以嘲笑他人來掩飾自己的不足，殊不知當他嘲笑別人之時，也正嘲笑了自己。

用幽默來感化解尷尬

生活中時常需要機智與幽默，讓自己在遇上瓶頸或跌倒時，有個台階下，並且找一個能讓自己帶著微笑，重新來過的新開始！

眞正聰明的人，不會因爲外來的刺激而情緒失控，更不會稍不如意便失去理智，反而會用幽默的態度面對。

因爲他們十分清楚，暴跳如雷於事無補，只會衍生更多衝突。

想化解尷尬，就先培養你的幽默感。

有時候，帶點自我嘲諷的意味，更能一針見血的指出問題所在，又因爲有幽默感的裝飾，不僅能化解尷尬，還能化險爲夷。

俄國著名的寓言故事家克雷洛夫，雖然號稱著作等身，但生活卻非常貧困，平時衣衫襤褸，而且常常因為付不起房租，每隔一段時間就會被房東掃地出門。

一天，克雷洛夫又找到了一間新房子，但是這個房東看了他的窮酸模樣，擔心他會把房子的設備破壞，便在房契上加了一項但書：「如果租用者不小心引起火災，燒了房子，必須賠償一萬五千盧布。」

克雷洛夫看了這條很不合理的條款，不但不生氣，反而拿起筆，大方地在一萬五千後面，再加了兩個「○」。

房東瞪大了眼，驚喜道：「哎呀，一百五十萬盧布？」他以為自己有眼無珠，遇到了一位大富翁還不自知。

怎知，克雷洛夫卻急不徐地告訴他說：「是的，反正不管多少，我都一樣賠不起，何不大方一點？」

房東聽到後，呆了半天都說不出話，最後只好取消這項但書。

詼諧幽默的應對方式就是彼此互動最好的潤滑劑。也就是說，當你遇到自己不

感興趣的問題，不知道該跟對方說什麼，或是不想跟對方糾纏不清的時候，就越必須用極出色的幽默感與對方溝通。

雖然克雷洛夫的說法有點無賴，但是當他用這種方式化解房東的無理要求時，卻也不禁令人莞爾。

他以嘲弄自己的幽默感，來處理房東的無理要求，不只一針見血地指出了對方的無理，也誠實地說出了自己的窘境。

生活中時常需要這樣的機智與幽默，讓自己在遇上瓶頸或跌倒時，有個台階下，並且找一個能讓自己帶著微笑，重新來過的新開始！

反應太慢，只能不斷失敗

機會可能會有很多不同的面貌，但是，並非每個人都能及時看見，並緊緊抓住它。

英國有句格言是這樣說的：「有四件事一去不回：出口之言、發出之箭、過去之時、忽略了的機會。」

反應太慢，有時候也是一種錯誤。因爲，難得的機會往往只會降臨一次，而且很多時候，常常在我們還沒有了解到那就是「機會」之前，它就悄然消失無蹤了。

有個農夫因為不小心跌斷腿進了醫院，醫生於是問他是怎麼把腿跌斷的。農夫回答：「二十五年前，我在一個財主家當長工，有一天晚上，財主的獨生女來找我，問我：『你有什麼需要我的地方嗎？』」

「我回答她：『沒有。』」

「她又再問了一次：『你真的不需要我嗎？』我堅定的告訴她：『真的不需要。』然後她就走了。」

醫生聽了覺得很奇怪，便問農夫：「這跟你摔斷腿有什麼關係呢？」

農夫嘆了口氣回答：「昨天當我正在屋頂上修理破掉的屋瓦時，忽然之間才明白了她的意思。」

腦筋遲頓的農夫終於想通了那個晚上財主的女兒到底暗示什麼，只不過已經遲了三十年了。

要是當時就明白她的意思，搞不好現在就過著吃香喝辣的生活，又何須爲了怕下雨，辛苦修理屋頂呢？這也難怪他要失神到從屋頂跌落了。

要知道，誰能及時抓住機會，誰就抓住了成功的尾巴。

機會可能會有很多不同的樣子與面貌，唯一不會變的，就是並非每個人都能及時看見，並緊緊抓住它。箇中原因有很多，但「反應太慢」應該是許多人都曾有的遺憾。

不妨回想一下自己過去的遭遇，再看看眼前四周，有沒有什麼機會可能是我們已錯過，或即將錯過的？

它也許看起來並不起眼，也許一開始我們還是會與它失之交臂，但不論如何，如果還不算太晚，趕緊張大你的眼抓住它吧！

沉得住氣，才能掌握全局

不管做任何事情，操之過急只會讓自己吃虧。能夠沉得住氣，再三確認步驟與細節，事情才能做得既漂亮又有效率。

聰明的人都知道，聽人家把話說完不但是一種基本禮貌，對自己也是一種保障，因爲我們永遠無法事先預知對方究竟想表達什麼意思，爲了節省事後補救的功夫與時間，多花幾秒鐘把話好好聽完，可以說是最划算的「投資」了。

尤其，當我們從客戶或是上司那裡得到命令或吩咐的時候，更應該仔細把對方的意思弄清楚再開始行動。

有個講話總是結結巴巴的人到商店買飲料，因為不確定自己錢帶得夠不夠，於是打算問老闆。

結巴：「老老老老老老闆，一一一一一瓶瓶瓶可樂……」

急性子的老闆聽得十分難過，沒等他說完就幫他拿了一瓶可樂。

結巴又問：「多多多少錢？」

老闆耐著性子回答：「十八塊！」

結巴：「買買買買買買買買……」

老闆實在聽不下去了，等不及他講完，就幫他把瓶裝可樂打開。

結巴：「……買買買不起……不不不不要了。」

當急性子的老闆遇上結結巴巴的客人，沒耐性、急就章的後果，就是白白損失了一瓶可樂。

做事不要太性急，英國哲學家法蘭西斯．培根就曾經這麼說過：「過於求速，是做事時最大的危險之一。」

爲什麼沒有耐心的人特別容易做錯事呢？這是因爲，他們做事總是不用心，嫌了解細節太過麻煩，不肯多花一些時間做確認的工作，經常連狀況都沒弄清楚就埋著頭往前衝。

這麼衝動的後果，往往是等到事情進行了一半才發現自己錯得離譜，但一切卻都為時已晚了。補救的話，得要花上很大的精力，但不補救，成果又令人無法接受，這種進退不得的狀況可以說是最糟糕的。

別忘了，不管做任何事情，操之過急只會讓自己吃虧。特別是在重要的關鍵時候，一定要能沉得住氣，再三確認步驟與細節，才能掌握全局，把事情做得既漂亮又有效率。

找個方法宣洩你的情緒

情緒一被撩撥上來，如果沒有適當的方式，不僅很容易傷及他人，也會讓自己積累了更多的怨氣。

遇到心情不好的時候，有人會打沙包，也有人會打小人偶，而大聲哭泣則是最常使用的方法。

你是怎麼發洩你的情緒的？相信你一定有自己的方法，只要不是直接面對人，一股腦地把情緒倒在對方的身上就好。

有一天，陸軍部長斯坦頓向林肯總統抱怨，有一個將軍很愛罵人，而且老愛說粗話。林肯聽完後，建議斯坦頓寫封比將軍更尖酸、粗鄙的信，還教他一定要「狠

狠地罵他一頓」。

斯坦頓回去後，立刻寫了一封措辭相當刻薄、強烈的辱罵信，然後興沖沖地拿給總統看。

「對！對！」林肯看了，讚許地說：「就是要這樣，好好把罵他一頓，你寫得真好，斯坦頓。」

有了總統的讚許，斯坦頓感到非常得意，立刻摺好信，準備放進信封，但這時林肯卻攔住了他。

林肯問：「這封信你打算怎麼處理？」

斯坦頓訝異地說：「當然是寄出去啊！」

林肯大聲說：「等等，這封信不要寄出去，你把它丟進爐子裡吧！只要是生氣時寫的信，我都會這樣處理。相信當你痛快地寫著這封信時，心裡的怒氣也已經消了吧！現在感覺有沒有好多了呢？這時候，你不妨把它燒掉，另外再寫一封吧！」

每個人都有情緒，也都會有必須發洩的怨氣，有時候並不是為了指責什麼人，通常只是爲了「發洩」而已。

只是，情緒一被撩撥上來，如果沒有適當的方式，不僅很容易傷及他人，也會讓自己積累了更多的怨氣。

於是，你得找個不傷人又能平息心中怒氣的方法，像林肯的書寫方式，打沙包、打小人偶，或是用力地吶喊，只要將情緒渲洩出來，你又會有另一個新的開始。何必和那些尖酸刻薄的小人一般見識呢？

03

笨頭笨腦，就別想投機取巧

世界上沒有一件事情是不需要代價的，無論你曾經做過什麼，它都會報應在你最在乎的事情上面。

不要用自大掩飾自己的缺失

一旦發現自己的缺失，人們通常會試圖以自大來遮掩它。但是當驕傲的心碰上一張諂媚的嘴，往往就會構成險惡的危機。

法國文豪羅曼羅蘭曾說：「一個不能打敗自己的人，便是自己最大的敵人。」確實，很多人失敗，通常是輸給自己，而不是輸給別人，因此，想要成功，就必須先學會檢討自己，戰勝本身的怯懦、怠惰……等等缺點，才能以更多優點來面對詭譎多變的人生。

千萬不要明瞭自己的缺失，還沾沾自喜地加以掩飾。

一場激烈的戰鬥以後，部隊裡舉行了論功行賞大會。

將軍首先問一名士兵：「小伙子，這次激戰當中，你做了些什麼？」

士兵回答：「報告將軍，我一共殺了十二個人！」

將軍點點頭，拍了拍士兵的肩膀，以示慰勞。接著，將軍又問另外一名士兵：「小伙子，在這次激戰當中，你做了些什麼？」

「報告將軍，我一共殺了二十個人！」

將軍再度露出滿意的笑容，記下了這名士兵的名字。

終於，輪到最後一名士兵了，將軍照例問道：「小伙子，在這次激戰當中，你做了些什麼？」

這名士兵自豪地說：「將軍，您聽了一定很高興，在戰鬥期間，我勇敢地衝上一座山頭，一口氣砍掉五十個敵人的腿！」

「喔？砍掉他們的腿？這可真新鮮哪！你為什麼不直接砍掉他們的腦袋呢？」

將軍露出了疑惑的表情。

「這……」這名士兵支支吾吾地解釋說：「報告將軍，因為他們的腦袋都已經被別人砍掉了。」

每個人都有弱點，也都有不如常人之處。能夠正視自己的問題，你的問題就算解決了一半。

最怕的是，有些人不願意面對自己不足的地方，反而妄想用自大來掩飾自卑，毫無自知之明，也缺乏一顆謙遜的心，再加上自己阻斷了自己的進步空間，試問，這樣的人怎麼可能會贏得別人的尊重呢？

一旦發現自己的缺失，人們通常會試圖以自大來遮掩它。但是當驕傲的心碰上一張諂媚的嘴，往往就會構成險惡的危機。

所以，不要老是擔心別人沒有發現你的優點，反倒是先想辦法隱藏自己的缺點，才是高明人會做的高明事！

換角度看，缺點也能很可愛

覺得另一半不完美時，不妨換個角度來看待這些缺憾。懂得欣賞對方的缺點，相處會更容易，生活也會快樂自在些。

只會批評別人而不檢討自己的男人，從來不願照照鏡子，看看自己究竟長什麼德性，老是自以爲是白馬王子，當然會引起另一半的譏諷。

如果要用一種動物來形容你的另一半，你認爲你的另一半是哪一種動物？其實，我們對另一半的看法，同時也反映了對自己的看法。無論你的另一半像哪一種動物，你自己也一定兼具那種動物的特質。

不信的話，照照鏡子，你就知道了！

一天早上，妻子興沖沖地對丈夫說：「告訴你，我昨晚做了一個夢，精采得不得了！」

「那還不趕快說來聽聽。」丈夫露出了期待的表情。

妻子於是說：「在我的夢裡，你是男主角喔！」

「喔？真的嗎？那我要不是英俊瀟灑的白馬王子，就一定是名風度翩翩的蓋世豪俠！」

「都不是耶……」妻子露出神秘的微笑說：「我夢到你手拿著菜刀，氣喘吁吁地在追殺一隻豬。」

「有這麼奇怪的夢？我在追一隻豬？」

「是啊！」妻子點點頭說：「你跑得汗流浹背的，渾身的肉都在上下抖動，結果，那隻笨豬跑進了一條死巷子裡，被你逮個正著。」

「那然後呢？」丈夫急切地問道：「我是把那頭笨豬大卸八塊，還是殺牠個片甲不留？」

「都不是……」妻子說：「我看到你一步步朝牠逼近，就在最關鍵的那一刻，那頭豬突然跪地求饒，抓著你的大腿說：『本是同根生，相煎何太急』……」

覺得自己的另一半是豬，這是許多人的想法。

因爲認識一個人越久，了解得越深，越容易遺忘對方的優點，反而是缺點看得越來越清楚。他雖然在外面衣裝筆挺，回到家裡卻是連腳都不洗！他雖然工作時勤奮有勁，下班以後卻老是懶得動一動！

人類的缺點其實與豬的習性大同小異，越是看到另一半好逸懶散的一面，越會覺得自己是在跟一頭豬一起生活。如此一來，多少難免對對方心生反感，而對這份關係的失望，也將逐漸取代對方其他的可取之處。

其實，換個角度來說，跟豬一樣也沒有什麼不好。就算是豬，也有牠可愛、聰明的地方。

重點是，不要輕易讓自己心灰意冷。當你覺得另一半不若婚前完美時，不妨換個角度來看待這些缺憾。只要我們能夠懂得欣賞對方的缺點，相處起來也就會更容易，生活也會快樂、自在一點。

笨頭笨腦，就別想投機取巧

世界上沒有一件事情是不需要代價的，無論你曾經做過什麼，它都會報應在你最在乎的事情上面。

莎士比亞曾說：「傻瓜的愚蠢，往往是聰明人的礪石。」確實如此，傻瓜就是最好的人生導師！只要明白傻瓜究竟蠢在哪裡，避免做出相同的蠢事，就離成功不遠了！

缺乏心機的蠢人總是笨頭笨腦，卻偏偏喜歡投機取巧，因此老是拆自己的台，眼睜睜讓到手的好事變成蠢事。

某位老兄帶著妻子和岳父開車經過舊金山的金門大橋。

才剛剛開過橋，就被站在路邊的警員及舊金山市的市長攔了下來，一群人又是放彩帶又是奏樂的，場面好不熱鬧。

警員滿臉笑容地對這位老兄說道：「恭喜你！你是自從金門大橋建成後，第5,000,000,000,000,000個開車經過的人，為了紀念這特別的時刻，市長先生將頒給你五千美元作為賀禮。」

這老兄聽了以後，笑得合不攏嘴，記者連忙一擁而上，爭先恐後地訪問他：「請問，你拿了這五千塊錢準備要幹什麼？」

這老兄歪著頭想了想，回答說：「我正窮得連駕照都辦不起，所以，第一件事，就是要趕緊去辦個駕照。」

他的妻子在一旁聽到老公如此不得體的答案，連忙替他解圍，對著記者朋友說：「你們別聽他胡說八道，他一喝醉了酒，就廢話連篇，連自己都不知道自己在說些什麼！」

就在這個時候，一路都在車子裡迷迷糊糊打盹的老岳父忽然醒了過來，看見車子停在原地不動，氣得高聲嚷嚷了起來：「那，那，那，你們看，我早就跟你們說過，這偷來的車子就是開不遠！」

做壞事的人，必然經不起時間的歷練。即使別人沒有揭穿你，到頭來，你自己也會出賣自己。

要知道，可以心安理得、抬頭挺胸的活在這個世界上，是一件多麼可貴的事！因此，千萬不要低估了良心的力量，也不要爲了眼前的小利小益，就輕易出賣了自己無價的良心。

世界上沒有一件事情是不需要代價的，特別是老天爺最愛開人玩笑，無論你曾經做過什麼，它都會報應在你最在乎的事情上面。

評估人心，不要掉以輕心

評估人心的時候，審視他人的眼光要更為謹慎、銳利，眼光放遠，不能把一時的言論與行動當做唯一的評價指標。

美國大作家愛默生曾說：「**成功者並非比失敗者有腦筋，只不過他們比失敗者多了一點心機。**」

的確，在人性的這條高速公路上，「心機」絕對是讓你避免受重傷的「安全氣囊」，無論你的本事多高強，做人做事最好還是要有點心機，才不會在關鍵時刻，出現要命的「當機」！

我們永遠不知道別人的心裡究竟在想什麼，為了提防對方使詐，做人要多一點心機，做事要多一點心計。

越工於心計的人，越擅長隱藏心中眞正的想法，越厲害的人就藏得越深、越久，評估他人時千萬不能掉以輕心。

俾斯麥三十五歲時擔任普魯士國會的代議士，這一年是他政治生涯的轉捩點。當時奧地利是普魯士南方強大的鄰國，曾經威脅德國如果企圖統一，奧地利就會出兵干預。

俾斯麥一生都在追求普魯士的強盛，夢想打敗奧地利，統一德國。他是個熱血沸騰的愛國志士和好戰分子，最著名的一句話就是：「要解決這個時代的問題不能依靠演說和決心，而是要靠鐵和血。」

但是令所有人驚訝的是，這樣一個好戰分子居然在國會上主張與鄰國保持和平。他當時發言說：「對於戰爭後果沒有清楚的認識卻執意發動戰爭的政客，請自己上戰場赴死吧！戰爭結束後，你們是否有勇氣承擔農民面對農田化為灰燼的痛苦？是否有勇氣承受人民身體殘疾、妻離子散的悲傷？」

在國會上，他盛讚奧地利，為奧地利的行動辯護，這與他一向的立場背道而馳。

最後，因為俾斯麥的堅持，終於避免了一場戰爭。

幾個星期後，國王感謝俾斯麥為和平發言，委任他為內閣大臣。

可是，過了幾年之後，俾斯麥成為普魯士的首相，終於施行鐵血政策，對奧地利宣戰並統一了德國。

既然「鐵血宰相」俾斯麥從未忘記過德國的統一，又爲什麼會在國會上發表那樣的違心之論呢？

這是因爲他所追求的不是一時的口舌之快，而是要一步步將權力握在手中，如此才能實踐自己的夢想，發動統一戰爭。

爲了要成爲普魯士宰相，爲了避免國力薄弱的時候和奧地利正面衝突，無論如何都必須隱忍，一時的謊言又算得了什麼呢？

不過，從俾斯麥的這則故事，我們也了解，評估人心的時候千萬不要掉以輕心，審視他人的眼光要更爲謹慎、銳利，像俾斯麥這樣城府甚深的人，不可能將他眞正的企圖般地輕易顯露出來。

做人做事要把眼光放遠，看人要看到骨子裡，不能把一時的言論與行動當做唯一的評價指標，要注意這個人是否說一套、做一套，舉止與言論是否前後不一，這才是應該關注的重點。

越有權謀計略的人，越是擅於隱藏自己的眞心，看完俾斯麥的故事後，我們應該更明瞭這點，往後在評估他人行爲與言論時，更要加倍謹愼。

觀察敏銳，就能擁有智慧

若能對人世間萬事萬物有足夠而且的觀察，我們便能看透人與物的本質，尋得最簡單，也最有效的解決方式。

法國大文豪羅曼羅蘭曾說：「智慧，是照明我們黑夜的唯一光亮。」不論我們過著安定的生活，或是身在危險的處境裡，智慧都能讓我們趨吉避凶，受用無窮。

唐太宗李世民是中國歷史上的一代明君，早在他年輕的時候，就表現出解決問題的過人智慧。

隋煬帝手下一個奸臣與李淵不合，想害死李淵，於是向隋煬帝提議讓李淵在百日之內為皇帝修建一座頗具規模的宮殿，若到時不能修好就處死李淵。

百日之內怎麼修得好一座宮殿呢？李淵明知是奸臣想藉此加害自己，可是又不敢抗旨，只能枯坐嘆息。

但他的兒子李世民卻極為沉著地說：「這問題看起來很難辦到，但並非做不到。大宮殿無法及時完成，我們就修小宮殿，只要宮殿的格局合了皇上的心意就行。時間緊迫，我們就重金招聘能工巧匠，讓他們想辦法解決。」

李淵依計而行，不僅張貼告示，而且派人四處尋訪。能工巧匠趨之若鶩，紛紛獻計獻策，巧施本領。果然，李淵不到百日就造好了宮殿，宮殿雖然不大，但精緻堂皇，很符合隋煬帝的意。

但不久後奸臣又進讒言，指稱百日之內不可能修好這座宮殿，這肯定是李淵早就造好了準備自用的。私造宮殿是謀反之罪，昏庸殘暴的隋煬帝大怒之下，便準備將李淵處死。

這時，李世民向隋煬帝稟告：「這座宮殿確實是百日之內造成的，請陛下派人檢查，如果是早修好的，釘子會生銹，瓦上會生霉斑，但新修宮殿絕對不會出現這

種現象。」

隋煬帝立即派人前去檢查，果然證明了宮殿是新造的，於是不但不再追究，還重賞了李淵父子。

盧梭曾寫道：「禽獸根據本能決定取捨，人類則通過算計來決定取捨。」想在這個爾虞我詐的社會生存下去，無論如何，都必須具備一些心機，否則就容易遭到各種「病毒」攻擊，讓自己陷入危機。就算再有能力的人，也要具備一些保護自己不受傷害的心機，更要懂得把心機用在正確的時機。

敵人的言語就算利於刀劍，所設下的陷阱就算是天羅地網，只要我們能以自身的智慧加以應對，一定能尋得一條脫身之道。

而這種處世的智慧，又是由何而來的呢？

李世民知道皇帝的喜好，也明白在短暫的時間內要同時做到「大」與「好」是不可能的事情，因此他選擇了「小而精緻」的做法，成功地在時限內造出一座精緻堂皇的宮殿，滿足了隋煬帝的喜好。

而在李淵蒙受小人陷害，險些被處死之時，李世民又能用難以駁倒的自然法則，指出新的釘子不會生銹、新的瓦上不會長霉斑，戳破了敵人所織就的誣陷謊言，保全了父親的性命。

如果我們能像李世民這樣，把平日觀察與體驗的心得和諧地應用到生活上，就能擁有智慧的泉源。

若能對人世間萬事萬物有足夠而且敏銳的觀察，我們便能看透人與物的本質，尋得最簡單，也最有效的解決方式。

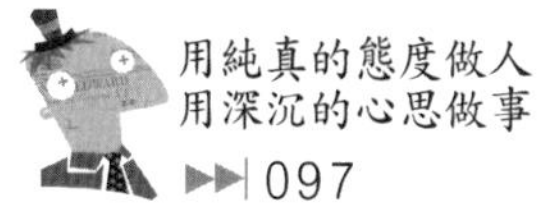

精神鬆懈，機密就可能外洩

當我們在處理任何訊息時，不管是傳達或者接收，都要經過大腦判斷，以防有心人士利用自己來散佈謠言。

情報是任何戰場上決勝負的重要訊息，倘若落入敵人手中，就會成爲摧毀己方計劃的致命武器。

在電影、電視劇裡，主角總是「意外」在洗手間裡得到重要的消息，才能反敗爲勝，一舉打敗敵手。其實，這樣的情節不只是影片中才會出現，現實生活裡，這樣的事情也不少。

說者無心，聽者有意。必須留意，接收訊息的對象或「被迫」接受訊息的對象，都有可能「背叛」你，將你所說的一切透露給最不能知道的那個人。所以，在任何時刻，說話都要小心。

一九四四年的秋天，史達林邀請英國首相邱吉爾和外交大臣安東尼．艾登到莫斯科訪問。為表示由衷歡迎，史達林在莫斯科大劇院舉行盛大文藝晚會來招待邱吉爾和艾登，安排的許多節目既精采又豐富，讓兩人目不暇給。

中場休息時，史達林請邱吉爾和艾登到休息室飲茶。席間，他們三人談笑風生，氣氛頗為融洽。

喝完了茶，邱吉爾和艾登邊走邊聊，來到了盥洗間。這時，邱吉爾突然心血來潮，想出了一個可以幫助波蘭政府解決人民流亡倫敦問題的新點子。

邱吉爾對於這個想法異常興奮，不僅滔滔不絕地向艾登說明這辦法的相關步驟，還當場沙盤演練起來。直到艾登怕史達林和觀眾等太久，再三提醒邱吉爾，才阻止了他繼續發表。

他們一起回到包廂時，史達林和熱情的蘇聯觀眾們仍陪同他們觀看演出，沒有什麼特別的反應。

隔了幾天，史達林又邀請邱吉爾和艾登到他家共進晚餐。他們抵達時，史達林已經在門口熱情迎接。他們一起穿過一個小小的前廳，當兩人正在欣賞室內景觀設計時，史達林突然指著屋角的一扇木雕門對邱吉爾說：「這裡是洗手間，如果你們想洗手的話，可以在這兒洗手。我知道你們英國人喜歡在這種地方討論政治問題。」

邱吉爾和艾登聽了都很不好意思，這時候他們才知道原來在莫斯科大劇院的洗手間裡安裝了竊聽器，他們的談話都被蘇聯人聽到了。

連足智多謀的邱吉爾，都會犯下如此嚴重的錯誤，萬一討論的話題是攸關國家安全的機密，那後果可就不堪設想了。況且，不管討論的內容重不重要，對史達林而言都是一件失禮的行爲。

廁所常常是小道消息的來源，因爲人們在內急「解放」之後，精神往往也跟著鬆懈，不自覺地就會將一些平常守口如瓶的消息「不小心」洩漏出來，或者是對一些人的批評，也多半會在這個時候流露。

在瞬息萬變的人生戰場上，成功與否取決於人際關係的優劣。而與人相處時所產生的風險，都是發生在讓人意想不到的地方，一個不注意，就會陷入窘境。這也表示，當我們在處理、利用任何訊息時，都必須特別小心。不管是傳達或者接收，都要經過大腦判斷，以防有心人士利用自己來散佈謠言。

做人要是沒有一點防人之心，無異於把自己推向險境。想在人性叢林裡優遊自在，就應當秉持著「做人單純，做事深沉」八字箴言，抱持著純眞的態度待人，用精明的態度做事……

著急，只會讓事情更難處理

太焦急、太慌忙、太一頭熱，以致於忽略了重點，所以沒發現冷靜下來，反而更能找出盲點。

曾有一則笑話說，消防隊接到一通報案電話。

「請問哪裡著火了？」消防隊員緊張地問。

報案的人回答：「我家。」

消防隊員的口氣更急了：「我的意思是說，哪個地方著火了？」

「喔，廚房著火了。」

爲了避免雞同鴨講延誤救火時機，消防隊員決定換個方式問：「請你明確告訴我你家的廚房在哪裡？」

「在客廳的東北方。」

「不！我是說我們要怎麼去？」消防隊員終於忍不住對著話筒大吼。

豈料，電話那頭傳來一個疑惑地聲音說：「你們不是有消防車嗎？」

又有另一則笑話說，動物園來了一隻新的袋鼠，管理員把牠關在一片有著一公尺高圍欄的草地上。沒想到隔天一早就發現袋鼠不見了，最後是在一公里外的水池邊找到牠。動物園於是立刻進行裝修，把一公尺高的圍欄加高到兩公尺，再把袋鼠關進去。

結果，第三天早上，袋鼠還是不見了。經過了一場人仰馬翻的搜尋之後，大家才又在企鵝園的門外找到牠。

動物園再次召開緊急會議，決定把圍欄從兩公尺高加到三公尺高，並再把袋鼠關進去。住在袋鼠隔壁的長頸鹿實在看不下去了，好奇地問袋鼠：「依你看，這圍欄要加高到多高，你才肯安分地待在裡面呢？」

袋鼠無奈地聳了聳肩說：「我也不知道。如果他們再繼續忘記鎖門的話，我看就算把圍欄加高到一百公尺也沒用！」

很多時候，我們不是不想做事，而是太急著做事；很多時候，我們不是不想解決問題，而是根本沒發現問題出在哪裡。

太焦急、太慌忙、太一頭熱，以致於忽略了重點，所以沒發現冷靜下來，反而更能找出盲點。

所以，在做事之前，先靜下心來想想你為什麼要做這件事。或許，你會發現自己其實遺漏了許多細節，或者甚至會發現，你現在的行為與計劃早已和原本的目的不合了。

臉皮厚，自然不怕出糗

臉皮薄的人通常比臉皮厚的人活得較不快樂。因為他們太在意別人的眼光，太害怕犯錯，所以活得戰戰兢兢。

你是個經常出糗的人嗎？

常常做出一些糗事固然令人尷尬，但換個角度想，你的糗事可能是別人眼中的趣事，你的尷尬可能會帶給別人歡笑，所以，出糗只不過是在犧牲小我完成大我罷了。

這麼一想，不就愉快了許多嗎？

某日上課時，小明突然舉手發言：「報告老師……」

「什麼事？」老師疑惑地問。

小明說：「我想上廁所。」

「這樣啊，不是跟你們說過上課中最好不要去上廁所的嗎？因為你這樣隨意走動會影響到別人的學習啊。不過……看你很急的樣子，就讓你去吧！」老師最後網開一面，又說：「記住喔，下不為例。幾號？」

「報告老師，大號！」小明大聲地回答。

老師忍住笑意，無可奈何地說：「我是問座號……」

曾有調查顯示，臉皮薄的人通常比臉皮厚的人活得較不快樂。因爲他們太在意別人的眼光，所以無法放開自己；因爲他們什麼都覺得難爲情，到頭來反而難爲了自己。

因爲他們太害怕犯錯，所以活得戰戰兢兢；因爲他們太完美主義，所以對自己身上任何一點小缺點都很介意。

你說，這樣怎麼可能活得不累呢？反倒是那些臉皮厚的人，跌倒了不懂得害羞，只要爬起來就是了；犯了錯也不會慚愧，但會全心全力地想辦法補救。做人如此，豈不輕鬆愜意？

厚臉皮不是一種罪過，相反的，這反而是上天賜給人們最好的禮物，讓你凡事只需要對自己交代，至於別人怎麼說、怎麼笑，就由他說、由他笑，反正只要自己不在意，哪管他人在不在意呢？

太過無知，小心被當成白癡

老是在貧乏又狹隘的世界裡自嘆遇不到伯樂的人，無法了解外面的世界有多大、自己的能力又有多小。

托．富勒曾說：「略知皮毛者總愛反覆談論那些皮毛。」只懂得一點點的人經常因爲自己本身的無知，而自以爲已經無所不知。

想想，如果我們總是得不到他人的肯定，那究竟都是別人的問題，還是我們自己的問題？

在金融海嘯衝擊下，我們面臨的競爭比以前任何時代都要激烈萬分。如果你不設法讓自己更聰明一點，更精明一點，想要繼續裝傻、擺爛，那麼，你就只能在「裁員滾滾」的洪流中載浮載沉。

話說有兩個落第秀才結伴歸鄉。這日兩人來到一座城外，看到參差不平的城牆，一時詩興大發，其中一名秀才於是吟道：「遠看城牆鋸鋸齒。」

另一名秀才不甘示弱，隨口就接了下一句：「近看城牆齒齒鋸。」

「唉，像我們這樣的文才竟然沒有考上，我看主考官們八成都瞎了眼！」想到別人衣錦還鄉，而自己卻一無所獲，二名秀才不禁抱頭痛哭。

這時候，恰巧一名農夫趕著馬車從旁邊經過，看到二位書生痛哭流涕，覺得很奇怪，於是上前關心。二書生便將自己的經歷向農夫哭訴一通，又將剛剛作的句子唸一遍給農夫聽，還十分不服氣地說：「像我們這樣的天才居然落第，世界上哪裡還有天理呀！」

話剛說完，農夫卻突然蹲在地上哭了起來，書生們以為農夫是同情自己的遭遇，於是禮貌地上前勸慰。沒想到，農夫邊哭邊說：「這世界還真是不公平啊，我的地貧瘠得幾乎長不出東西，可是眼看著你們兩個人一肚子的屎可以拿來做肥料，我卻沒辦法掏出來！」

這世上確實有許多人因爲種種原因懷才不遇，滿腔的才能與幹勁沒有辦法發揮，只能鬱鬱度日。不過，卻還有更多肚子裡滿是草包的人，自以爲才高八斗、學富五車，事實上沒有幾分才能，還不懂得補強自己的不足，一天到晚只會埋怨他人「不識泰山」、「不懂欣賞」！

俄國作家拉季舍夫曾經說過：「在知識的山峰上登得越高，眼前展現的景色就越壯闊。」

老是在貧乏又狹隘的世界裡自嘆遇不到伯樂的人，無法了解外面的世界有多大，自己的能力又有多小。唯有透過不斷的努力與學習，我們才能在更進一步了解世界與人群的同時，也印證自己的能力與視界究竟到達何種程度。

04

你也可以光明正大說謊話

「弄假成真」的手段並不高明，也不夠高尚，但是，這在爾虞我詐的社會中，在政治的競技場上，能夠正大光明的又有幾個？

說話前，先用用大腦

每個人的口，就像身上帶著的一把屠刀、一束鮮花，端看你要獻給對方哪一個，是要用話語讓他人快樂，還是讓他人痛苦。

清代的文士申居隕曾經這麼說：「一言之善，亦足以作福；一言之戾，亦足以傷和。」

確實，讓別人和氣或生氣，往往就在一言之間，我們怎麼能不小心留意自己所說的每一句話呢？

話說，紀曉嵐有天和一幫朋友在街上閒逛。

因為閒來無事，紀曉嵐於是對朋友說：「看見那間店裡的老闆娘沒有？跟你們打賭，我能說一個字讓她笑，還能再用一個字讓她鬧！」

朋友問：「你認識她嗎？」

紀曉嵐答道：「不認識，不過這沒有什麼差別，你們信不信？」

朋友們沒有一個人相信，於是雙方便打賭，以一桌酒席為賭注。

只見紀曉嵐整理好衣衫，走到店門口，恭恭敬敬地對著看店的狗行了一個禮，叫道：「爹！」

老闆娘聞言愣了一下，接著就捂著嘴笑起來。哪知紀曉嵐緊接著走進店，對老闆娘也行了一個禮，並喊道：「娘！」

想當然爾，最後紀曉嵐輕鬆贏了一桌酒席。

一個字可以讓人開懷歡笑，也可以讓人生氣不已，這就是語言的力量。

你是不是曾經後悔過去對別人說過的一些話？是否曾經因爲一句話，讓你與對方再也無法回到從前的關係？又或者，你是不是也曾經被別人的一句話刺傷，至今想來，心裡仍會隱隱作痛？

一句話能讓人雀躍不已，彷彿置身天堂；也能讓人飽受煎熬，活像是下了地獄般痛苦。

每個人的口，就像身上帶著的一把屠刀、一束鮮花，端看你要獻給對方哪一個，是要用話語讓他人快樂，還是讓他人痛苦。

想要在現實生活中持盈保泰，必須冷靜而心思細膩，如此才能培養深謀遠慮的智慧，像狡兔一樣預做應變措施。

千萬不要大剌剌地暴露自己的心思，也不要自以爲高人一等而逞口舌之快，免得招來無妄之災。

拍拍馬屁，做事會更順利

如果你可以懂得恭維的技巧，並且更進一步看穿他人恭維背後的真正意圖，不管面對何種情況，幾乎可以無往不利！

格朗熱曾說：「我們明知諂媚是毒藥，但它的芬芳仍使我們陶醉。」

擅長諂媚的人，永遠瞭解對方的需要是什麼，懂得拍馬屁的人，永遠知道如何用「舌頭」幫助自己度過眼前的難關。因此，當他們讚揚別人的時候，往往可以把馬屁拍到對方的心坎裡，讓對方樂不可支，卸掉原本的敵對情緒，把危機變成轉機。

從這個角度而言，只要不暗藏從背後捅人一刀的企圖，並且用得適時適度，拍人馬屁並不一定是壞事。

不知道你想過沒有，有的時候，適當讓對手有掌握全局的感覺，給他點甜頭嘗嘗，或許對自己來說，未必不是一件好事！

明朝有位翰林叫做陳全，向來十分幽默。有一次，他不小心誤入禁宮，結果被太監中貴發現了。

陳全趕忙告訴中貴，自己是因為一時疏忽誤入禁宮，希望他睜一隻眼、閉一隻眼，饒他一回。

中貴想了想之後，便對陳全說：「我聽說你很擅長說笑話，這樣好了，你就說一個字，如果可以讓我笑，這次我就放過你，不然的話……我就向上頭呈報，把你給斬了。」

陳全低著頭想了一下，之後便說了一個字：「屁。」

中貴覺得很奇怪，便問他作何解釋，陳全於是回答：「放也由公公，不放也由公公。」

中貴聽了大笑不止，便依照約定把他給放了。

陳全無疑是個洞悉人性心理的高手，這一招「放也由公公，不放也由公公」不但幽默風趣，言語之間也讓對方充分感受到「翰林不過是個屁，生殺大權操之在我」的優越感。

不論做人或做事，很多時候身段要放軟。如果什麼事情都要弄得異常緊張、搞得像是兩邊對抗、四面楚歌、互擂戰鼓、敵意十足，非得殺個你死我活不可，通常只會給自己多樹敵人、自尋煩惱而已。

愛爾蘭有句話說：「恭維不用花錢，但是絕大多數的人卻不自覺地向恭維者付出巨款。」其實正是這個道理。讓對方覺得自己可以很大方、很大氣，那麼他也不會對我們太斤斤計較了。

給對方一句「讓你做主」的訊息，抬高他的地位，讓他得意一下，通常對方也會樂得大方，不與我們爲難。畢竟，這就是人的天性呀。

不過，要是立場互換，你可要注意，別被他人幾句恭維給迷了心竅、忘了東西南北了。

羅曼．羅蘭曾經寫道：「今天的捧場，就是明天的誹謗。」口蜜腹劍的行爲之所以令人不齒，是因爲這種人習慣用「舌頭」掩護準備背後暗算別人的「拳頭」。

所謂知己知彼，百戰百勝。如果你可以懂得恭維的技巧，並且更進一步看穿他人恭維背後的眞正意圖，那麼不管面對何種狀況，幾乎可以無往不利！

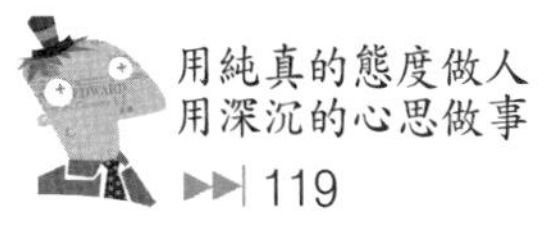

責備，不一定要暴跳如雷

如果只看得見別人的缺點，只會直指別人的鼻子大罵不是，那麼只會產生更多的衝突，也是最笨的溝通方式。

法國文豪巴爾札克曾說：「人總是喜歡在別人面前炫燿自己，自己原本一無所有，卻要處處裝出什麼都有的樣子。」

這種傾向以小人最明顯，小人最常炫燿的除了財富、地位、名聲之外，就是「高尚的品德」，只不過，這樣東西實際上是他們最欠缺的。

儘管許多勵志作家都教導我們，為人處世應該以寬容為本，但是，面對一些厚顏無恥的行徑，寬容過了頭就會變成縱容，只會使小人的氣焰更加囂張。

如果你實在看不下去，又何妨想想法子挫挫小人的銳氣？

四〇年代，美國色情工業方興未艾，有些唯利是圖的好萊塢製片商為了追逐金錢，開始大量製作色情電影，並高價徵求色情劇本。

當時，有個製片商在徵求劇本時，提出了四個要求：「一要有宗教色彩，二要有貴族氣息，三要有性愛場面，四故事要令人驚愕」。

有位著名的劇作家聽到消息後，認為此風不可長，為了要調侃這位製片商，便照著他的要求，一個晚上就把劇本完成了，並且第二天一早就送去給那位製片商。製片商收到「名家之作」非常高興，但是，看完劇本之後，卻大罵這個編劇：「你是存心來找碴的嗎？」

原來，劇作家送來的劇本只有一句話，這句話是：「『上帝啊！』公爵夫人高聲喊道：『快把你的手從我的大腿上拿開』。」

這位幽默的劇作家，笑嘻嘻地對著火冒三丈的製片商解釋道：「親愛的先生，您不是公開聲明說要符合您提出的四個要求嗎？那麼『上帝啊』，難道不算宗教色彩嗎？『高聲叫喊的公爵夫人』，不也富有濃厚的貴族色彩嗎？『快把你的手從我

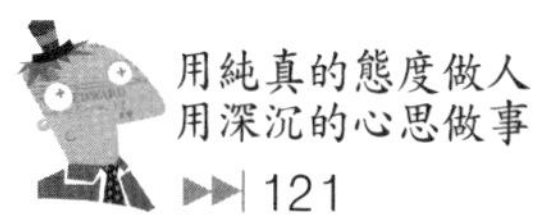

的大腿上拿開』，您瞧，有隻手已經放在公爵夫人的腿上，這不正是性愛的場景嗎？如果您的精神還正常的話，從整句台詞的語氣上來看，相信您一定感覺非常驚愕吧？如此一來，您所要求的四個標準，在這個劇本裡不是都具備了嗎？」

被戲弄的製片商聽了這話，氣得面紅耳赤，卻也只能無言以對地看著劇作家大搖大擺地離開。

人是最擅長偽裝的動物，現實生活中道貌岸然的小人很多，如果你不想老是受他們宰割，那麼就得放聰明一點，透過適當的方式加以反擊。

病態的社會是小人滋長的溫床，在過度追逐名利的情況下，往往會造成許多錯誤、不良的社會風氣，以及扭曲的價值觀。

聰明的劇作家以極其諷刺的方法，撰寫了一個絕妙的劇本，藉以突顯色情電影業者在追逐金錢時的厚顏無恥，雖沒有和製片商正面衝突，卻以更直接地方式，給予同製片商一個無形的教訓。

同時，這個劇作家也提供了一個絕佳的溝通技巧。

人與人之間的相處，需要的是多點心思、多點溝通，如果只看得見別人的缺點，只會直指別人的鼻子大罵不是，那麼只會產生更多的衝突，招來更多報復，這也是最笨的溝通方式。

學學劇作家吧！嘲諷式的幽默，反而更能一針見血，讓小人深省。

不要讓對方有推諉的機會

導引對方將心比心，如此一來，便能技巧地讓對方無從推諉，也就輕鬆地將問題解決了。

英國作家湯馬斯．富勒曾經寫道：「對別人始終處於信任狀態的人，是小人最喜歡算計的對象。」

因此，在這個小人無孔不入的年代，如果你不想被小人暗算，就千萬別濫用自己的信任，如此，才能不讓小人有機可乘。

人際應變智慧的精髓在於隱藏自己的心思，使別人無法識破自己的眞正意圖，遇到危機更要懂得借力使力，爲自己謀得更有力的契機。

日本有一家中小企業的總經理要求某家客戶準時付清帳款時，對方卻推說資金吃緊，希望能延期付款。

這對總經理來說，這實在是一件頭疼的問題，因為這次若拿不到貨款，公司將無法付出員工們的薪資，所以非得拒絕他的請求才行。

這位總經理想了想，向對方說：「我知道，貴公司多年來一直都經營有方，這次會遇上資金吃緊，相信是銀行的問題吧！說真的，最近的銀行似乎一點也不願意支援企業。」

他這麼一說，似乎正中對方的下懷，這位客戶開始大發怨氣，怒斥銀行，於是這個精明的總經理也附和著對方的口氣，跟著也痛罵了銀行一番。就這樣，兩個人把銀行視為共同敵人，互吐積憤。

最後，這位總經理拍了拍客戶的肩膀說：「誠如你所言，現在的銀行實在太不像話了，因此，到了付款的日期仍然要拜託你了。」

這時，客戶仍處在與總經理同仇敵愾的氣氛裡，沒想到對方忽然冒出這麼一句請託，一時間不知道要如何回應，只好點頭答應了。

蒙田曾經寫道：「我說真話，不是看我願說多少，而是看我能說多少。」

面對難纏的小人，為了不讓自己吃虧，並非所有的眞話都可以在任何時候脫口而出的，一個眞正的說話高手，並不是口若懸河、口才便給的善辯者，而是最能摸清對方心理的的人。

這位總經理與客戶一起抱怨銀行，巧妙地拉近了他與客戶間同仇敵愾的同理心，有了共同的敵人，於是也建立起彼此要相互奧援、扶持的心理。

他從批判共同敵人的議論中找出共識，並且讓對方明白自己的困境，然後悄悄地把話題繞回到雙方的帳款上，導引對方將心比心，不要造成惡性循環。

如此一來，便能技巧性地讓對方無從推諉，也就輕鬆地將問題解決了。

勇敢面對問題才是明智之舉

面對令人難堪的問題時，不要一味想著如何逃避，而要認真思考解決的方法，這才是實際又有效的明智之舉。

蘇格拉底曾說：「當你高興或動怒的時候，儘量緊閉你的嘴巴，免得讓小人有見縫插針的機會。」

因爲，你越能讓小人猜不著你的喜怒哀樂，小人就越會爲了找不到算計你的縫隙，而大傷腦筋。

一九六〇年秋天，蘇聯總書記赫魯雪夫乘著「波羅的海號」軍艦，前往紐約出席聯合國大會。

抵達紐約後，船上有個水兵竟趁機逃跑了，不過赫魯雪夫並不知道這個消息，直到開記者招待會，幾個美國記者用刁難和挑釁的語氣詢問時，他才知道有這麼一件丟臉的事。

赫魯雪夫對此事並不清楚，自然可以避而不談，或以「無可奉告」回應，或推說是記者們編造的謊言。

但是，赫魯雪夫沒有這麼做，反而用詢問的方式，問在場的媒體記者說：「真有這回事嗎？」

確認之後，只見他搖了搖頭，惋惜地說：「這個年輕人怎麼不開口請求幫助？或者來徵求我的意見呢？本來我可以幫助他，至少可以給他一些的錢，可是，現在他卻在你們這兒失蹤了，真是可惜……」

赫魯雪夫滿臉真誠的模樣，以及認真回應的態度，反而讓記者們無話可說，這件事也就這麼結束了，沒有被記者們當作話題加以鼓噪。

面對美國記者的挑釁，赫魯雪夫稍有不慎就會被攻擊得體無完膚。他很有技巧地換了一種方式回應，不僅展現了自己的元首氣度，更乾淨俐落地堵住了任何想藉此大做文章的媒體記者的嘴。

面對令人難堪的問題時，不要一味想著如何逃避，而要認眞思考解決的方法，這才是實際又有效的明智之舉。

否則在人們猜疑和好奇心的驅使下，反而容易把問題的焦點模糊，甚至被有心人刻意栽贓或製造事端，使自己在尙未得到公平審判前，便被宣佈死刑了。

你也可以光明正大說謊話

「弄假成真」的手段並不高明，也不夠高尚，但是，這在爾虞我詐的社會中，在政治的競技場上，能夠正大光明的又有幾個？

莎士比亞在《哈姆雷特》裡說：「人往往用至誠的外表和虔誠的行動，掩飾一顆魔鬼般的內心。」

如果你恨透了周遭那些道貌岸然的僞君子，有時不妨學學下面故事中的評論家，光明正大說個「八卦新聞」，讓他們爲了澄清而疲於奔命。

日本曾經發生一件相當轟動、「弄假成真」的政治事件。

在一場宴會中，有位政治評論家突然站起來說：「我現在要說的事，並沒有事實根據……」

接著，他爆料說出了一件足以令某位政治家結束政治生涯的訊息。

雖然這位評論家已申明，這件事並沒有事實根據，但是這個消息卻讓在座的所有人都認為，這件事一定是真的。

不久，媒體大肆報導了這則消息，那位政治家看了報導之後，便氣沖沖地立刻趕去興師問罪。

評論家在道歉後，無奈地說：「我曾經事先聲明，這件事並沒有確實的根據，這點當天在場人士都可以作證。」

這位政治家聽了這番說詞，儘管對他恨得牙癢癢的，卻也無可奈何，只好悻悻然地離開了。

馬克吐溫曾說：「你必須找到事實，接著你怎麼扭曲它都行。」

在這個巧詐勝於雄辯的社會上，有些人爲了達到目的，往往會在看似眞實的基礎下，發出虛假的言論，讓人防不勝防。

這個評論家利用群衆習於偷窺、猜疑的好奇心理，雖然事先已經表明他所說的「小道消息」沒有事實根據了，但是，以他的身份地位，加上這種「此地無銀三百兩」的說話方式，反而更讓人信以爲眞。

所以，這位政治家在這場「弄假成眞」的遊戲裡，其政治生涯自然受到了影響，也造成一定程度的傷害。

雖然這種惡意中傷的手段並不高明，也不夠高尚，但是，這在爾虞我詐的社會中，在權謀機詐處處可見的政治競技場上，能夠正大光明的又有幾個？

你怎麼待人，別人也會那麼待你

隨時心存善念，以誠待人，那麼我們自然會有許多意想不到的驚喜，特別是在你需要幫忙的時候。

成功學大師戴爾．卡內基在《人性的弱點》裡說：「與人交往，待人以至誠，才能換取真摯的友誼。」

以誠待人，是人與人之間交往的根本，唯有如此，在關鍵時刻才能獲得眞摯的幫助，讓自己避開險境。

年輕的鋼鐵大王安德魯．卡內基剛進入公司時，就深得上司史考特的信任，當史考特升任總公司的總務主管後，卡內基也跟著史考特被調派到總公司工作。

但是到了總公司，被安排在史考特底下的員工，卻一點也不願意配合，甚至有人還暗中策劃，準備罷工。

剛到總公司的史考特與卡內基，根本還沒進入狀況，就陷入了孤立無援的情況中，眼看著工廠的氣氛越來越緊張，似乎員工們的罷工行動也正一觸即發。

有一天晚上，卡內基獨自在黑暗中走回宿舍，忽然有個人走近他身邊，低著聲音說：「小聲一點，不要讓別人看見我和你走在一起。你可能不記得我了，我曾經請你幫忙找一份打鐵的工作，當時，你特別為我放下手上的工作，百忙中還幫我找到總公司的這份工作，現在你碰到了麻煩，就讓我來幫忙你吧！」

接著，這個人便拿出了計劃罷工的工人名單給卡內基。

隔天，卡內基把此事告知史考特，史考特便立即採取對策。他以通知那些人去領薪水為名目，讓工人們知道他們的罷工秘密洩漏了，於是，他們個個都縮回脖子，不再提罷工的事情。

經過這件事，使卡內基深深感覺到，人與人之間的體貼和幫助是多麼可貴，才能在緊要關頭時受到這麼大的幫助。

人與人交往的時候，應當學會適時放寬自己的心境，多爲自己和別人預留一些轉圜空間，凡事抱最好的期望，做最壞的打算，如此，才不會使自己的人生之路腹背受敵，寸步難行。

這則小故事，不是要我們在付出時有所期待，或滿腦子只想著別人的回報，而是要告訴我們，隨時廣結善緣，以誠待人，那麼我們自然會有許多意想不到的驚喜，特別是在你需要幫忙的時候。

不過，也別過度期望別人的回饋，只要記住，你怎麼待人，人們自然也會怎麼待你，那才是正確的與人相處之道！

相信專家，小心變成輸家

別再盲目地聽信「專家」的意見了，否則你很容易變成輸家。唯有經過思考和判斷，才能真正的付出行動。

在這個迷信專家的年代，熟諳人性弱點的小人，往往會處心積慮地塑造自己，以「專家」形象出現在公眾面前，讓無法分辨眞僞的人吃虧上當。

其實，即使最傑出的天才人物，在某些領域中仍舊是寸步難行、愚昧無知的，因此，不要盲目迷信專家的說法。一個人如果不曾仔細觀察，就不會有深刻的理解，自然也就不會有正確的行動。

美國有位心理學家曾經做過一個實驗。開課前，他介紹一位化學家，說是要來和同學們一起研究一個新實驗，他說：「這位就是世界知名的化學家史密特先生，你們今天要配合他做一個試驗。」

於是，這位史密特先生用德語向學生講解，而由那位教師當翻譯。

史密特說，他正在研究某種新發現物質的性能，因為這種物質擴散得非常快，人們才聞到它的氣味，就立刻消散了，氣味並不持久。但是，一些較過敏的人，在聞到這種氣味後會有輕微的反應，諸如頭暈、噁心……等情況，不過這些症狀很快就會消失，並不會有任何副作用。

史密特說完後，便從皮包裡拿出一個密封的玻璃試管，他說：「現在，只要一打開試管，這種物質便會立即散發出來，你們很快就會聞到氣味了，一聞到氣味的人，請立即舉起手來。」

只見他打開了試管，不一會兒工夫，從第一排到最後一排的學生全都舉起手來，甚至還有人說有自己頭暈的現象。

當實驗結束後，沒想到老師卻對學生們說，所謂具有強烈刺激氣味的物質，其實只不過是普通的蒸餾水而已，至於那位「史密特」先生，也只是該校的一位德語

教師，根本不是什麼世界著名的化學家。

從這個實驗中，我們可以獲得一個訊息，那就是人們太過迷信專家了。一遇到專家，就習慣以他們的說詞作爲依據，造成行爲上的盲從，讓自己失去客觀的判斷能力，因此才會被周遭的小人騙得團團轉。

你是不是也習慣當個應聲蟲呢？或是只會人云亦云，一點自主思考和判斷的能力都沒有？

別再盲目地聽信「專家」的意見了，否則你很容易變成輸家。

就算頭銜再多，名聲再響亮，貨眞價實的專家也會有出錯的時候，更何況是那些冒牌的專家呢？唯有經過思考和判斷，才能眞正的付出行動。

別當殺雞取卵的傻瓜

千萬別做出殺雞取卵的傻事，因為，你把別人當成傻瓜，別人也會把你當成傻瓜，到時候傷透腦筋的人，就是你自己。

建立蘇維埃政權的列寧曾說：「為了能夠分析和考察各種狀況，應該在肩膀上長著自己的腦袋。」

當你面臨選擇的時候，應該要有屬於自己的獨立思考方式，方能做出最有利於自己的判斷和抉擇。

有一個少年經常被他的朋友們譏笑、戲弄。

因為，這些人常拿一枚五分鎳幣和一枚一角銀幣，讓他從中挑選一個，而他總是拿那個面值最小的五分鎳幣，所以大家總是喜歡拿這件事來戲弄他。

後來，有個同情他的小朋友，悄悄指點他說：「我告訴你，那個一角銀幣雖然看起來比較小，但是卻比那個五分鎳幣價值高，你可以買更多的東西呢！所以，以後他們再讓你選的時候，記得要拿那個銀幣啊！」

「可是，如果我拿了那枚銀幣的話，他們以後就不會再給我錢了。」這個看似愚笨的少年回答。

原來，這個少年一點也不笨，他可是比誰都還精明呢！

他之所以要拿鎳幣，是因為他想讓這個遊戲繼續玩下去，他當然知道銀幣的價值，但是一旦拿了銀幣，這個遊戲肯定就會結束了，所以故意選取鎳幣，才是長遠之計，畢竟小錢累積起來也是很可觀的。

故事裡的小人物，其實正是大智若愚的表現。這個聰明的少年，不以眼前的小利爲滿足，而是以長遠的利益著眼，雖然被人譏笑，受人戲弄，但是他都不以爲意，反而迎人所好，儘管輸了面子，卻贏了銀子。

對各行各業的企業經營者來說，相信從這則小故事裡也能得到啓發，只要捨得放棄眼前利益，努力經營、累積實力，就算目前只是小本經營，將來也能有成爲大企業的一天。

千萬別做出殺雞取卵的傻事，因爲，你把別人當成傻瓜，別人也會把你當成傻瓜，到時候傷透腦筋的人，就是你自己。

05

想得太美好，只會增添懊惱

看上你的人未必真的喜歡你，更大的可能，是他看上了你的利用價值，或者是一時看走了眼。

懂得「見風轉舵」，就不用飽受折

應該學習的不是避開困境，而是在困境裡也依然保持微笑。與其花時間去埋怨，不如花點時間為自己編織一個微笑的理由。

中國有句諺語說：「投機取巧的人，最擅長見風轉舵。」其實，「見風轉舵」並非只是投機取巧的人才會耍的心機，有時候你我耳熟能詳的成功人士，也都曾經在關鍵時刻做出「見風轉舵」的決定。尤其是在面對不幸遭遇或難以解決的困境時，更要懂得「見風轉舵」，才不會讓自己飽受折磨。

其實，不論面對什麼困擾，都能找到解決之道。你瞧，下面故事中的營長不就發揮了「過人的智慧」，解決了大家的難題？

聰不聰明不會左右你的人生

有人說：「性格決定命運」，「性格」指的不只是個性，還包含了品行。你究竟是不是個好人，這才是最重要的事！

愚蠢的人總是喜歡在別人面前自我表現，一言一行都把自己的愚蠢暴露在別人面前，因此，如果你想當個眞正有智慧的人，不僅要學習如何跟這些蠢蛋相處，還經常向這些傻瓜學習「智慧」。

因爲，傻瓜就是最好的鏡子！

資訊展時，某廠商展出了一個ＩＱ測試器，只要把頭放進機器中，機器就會測出一個人的ＩＱ有多高。

小明和小華興沖沖來到了機器前，看見有人把頭放入機器中，接著機器上面的螢幕顯示了「一七九」這個數字，表示這個人智商高達一七九。

小明覺得非常有趣，迫不及待地也將自己的頭伸入進去，沒想到過了不久，螢幕顯示：「你的智商為：一」，令小明看了非常沮喪，小華則在一旁笑得合不攏口。

輪到小華時，他認真地把頭放入機器中，經過很長一段時間，螢幕竟然顯示：「請勿拿石頭開玩笑」，氣得小華當場轉身離去。

他們兩人有了這次的經驗以後，決定回家去閉關苦讀。隔了一年之後，小明和小華再度來到資訊展的IQ測試器前。而經過一年的研發，IQ測試器已將原本的螢幕顯示系統改為語音程式。

小明先把頭放入機器內，幾秒鐘的工夫，機器便宣佈：「你的智商為十」，小明聽了真不知道該哭還是該笑。

接著，換小華把頭放入機器中，他的頭才放入沒多久，這台機器便疑惑地說：「咦，這顆石頭好面熟啊！」

這個世界上有四種人：聰明的好人、不聰明的好人、聰明的壞蛋，還有頭腦又笨心眼又壞的渾蛋。你認爲你是哪一種人呢？

聰明與否，其實和人的成就沒有多大的關係。但是一個人的品格是否高潔，卻會影響到他這一生的前途。聰明的人也許學習能力比較強，做起事情來比較輕鬆。但是不聰明的人一樣可以勤能補拙，把事情做得和別人一樣好。

此外，不聰明的人在學習過程中摸索的時間比較長，將來還能成爲最佳的老師，傳授自己學習的經驗。

腦袋聰不聰明，並無法完全左右你的人生。有人說：「性格決定命運」。「性格」二字，指的不只是一個人的個性，還包含了他的品行，你究竟是不是一個好人，這才是最重要的事！

做事有分寸，才不會招來怨恨

不論你是苛責別人或讚美別人，都必須要拿捏好分寸；否則，鼓勵變成了吹捧，責備變成了挑剔，那就白費了一番心力了。

同樣一句話，在什麼地方說，在什麼時候說，都自有分寸的。做一件事情，要先斬後奏，或者應該仔細沙盤推演後再行動，也要拿捏分寸。拿捏得好，從此平步青雲；拿捏不好，從此墜落谷底。

因此，做人、做事的關鍵，無非都只是「分寸」而已。

曾有個笑話說，一名教會的資深女管家對剛上任的新神父說：「神父，你家的屋頂需要修理，而且你家的水管也該換條新的啦，還有，你家的熱水爐又壞了。」

神父為了表示善意，特地提醒她：「陳太太，妳在這間宿舍的時間比我還要長，何不說是『我們』的屋頂、『我們』的水管和『我們』的熱水爐呢？我想，這樣子我們會比較像是一家人，不是嗎？」

幾個禮拜以後，當神父和主教以及其他神職人員正在開會時，女管家突然緊張萬分地衝進會議室裡，大聲嚷嚷著：「喔！神父！我們的臥室裡有隻大蟑螂，就在我們的床底下！」

還有個故事是說，某個國王身邊有甲、乙二個大臣，甲大臣十分得到國王的歡心，乙大臣卻經常受到國王的責備。

根據乙大臣的觀察之後發現，甲大臣唯一表現得比自己好的地方，就是他總會在國王咳嗽吐痰之後，立刻用腳將地面的痰擦拭乾淨。

乙大臣想如法炮製，但每回他想要伸出自己的腳擦拭地面時，總被甲大臣捷足先登、搶先一步。

乙大臣一直苦無機會，終於有一天，國王又在清喉嚨準備吐痰時，他就立刻把腳伸到國王的嘴邊，打算在國王的痰著地之前就將它處理掉。豈知，乙大臣操之過急，一腳伸出去，力道沒拿捏好，竟一腳踢斷國王的門牙了。

乙大臣的下場會如何可想而知，這就是分寸拿捏得不好所造成的結果啊！

不論你是苛責別人或讚美別人，都必須要拿捏好分寸；無論你是給別人好處或佔別人便宜，也都要把分寸拿捏得恰到好處。

否則，鼓勵變成了吹捧，責備變成了挑剔，施予變成了炫耀，好意變成了惡意，那就白費了一番心力了。

想得太美好，只會增添懊惱

看上你的人未必真的喜歡你，更大的可能，是他看上了你的利用價值，或者是一時看走了眼。

單純的人固然最受歡迎，但也最容易被騙。他們總是把事情想得太美好，因而成爲別人算計的對象。

做人要是沒有一點防人之心，無異於把自己推向險境。想在人性叢林裡優遊自在，就應當抱持著純眞的態度待人，用精明的態度做事……

小王很瘦，一百八十幾公分高的人，體重還不到五十公斤，身邊的朋友都譏笑他為「排骨酥」，偏偏他又經常不修邊幅，三十好幾了，別說是討老婆，就連一個女朋友也沒交過。

每當心情鬱悶時，小王只能獨自一人到夜店喝酒。夜店老闆娘是個死了老公的女人，雖然徐娘半老了，但是風韻猶存，小王心裡對她早有遐想，但老闆娘似乎不以為意，只把他當作是一般客人對待。

一天晚上，小王又來到這家夜店喝酒，正當喝到微醺時，老闆娘突然走過來對他說：「你今晚有空嗎？」

天哪！居然有這等好事！小王直覺認為老闆娘話裡充滿暗示，興奮地回答：「有空！有空！當然有空！」

老闆娘接著說：「那麼，可以請你在打烊之後來我家一趟嗎？注意不要讓別人看到，省得別人閒話……」

哇！真是細心體貼又熱情洋溢啊，小王拼命地點頭。

當天夜裡，小王按照約定時間來到老闆娘的家裡，一進門，老闆娘就對小王說：「你先把衣服脫了，在床上等我，我馬上就來。」

小王聞言，隨即把自己的衣服剝個精光，在床上擺出自認最迷人的姿勢，流著

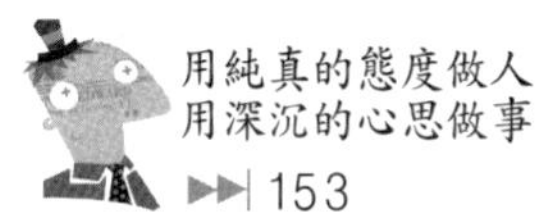

口水等待大美人的到來。沒想到幾分鐘以後，老闆娘……和她五歲大的兒子一同走了進來，她站在房門口，指著小王對她的兒子說：「你看吧，你再不乖乖吃飯，就會變成這個樣子喔！」

做人最好憑實力，不要太相信自己的運氣。

有時候，天上掉下來的艷福，實際上可能是一種「厭」福。看上你的人未必眞的喜歡你，更大的可能，是他看上了你的利用價值，或者是一時不察看走了眼。

許多人習慣和自己的想像談戀愛，只是，大家都知道，想像與現實往往是有距離的。你可能會把事情想像得太美好，正如他也有可能把你想像得太過美好，結果是增添彼此的懊惱。

承認自己有毛病，就不用當神經病

最殘忍的批評，是那些你無法否認的批評；最痛苦的事實，是那些你無法改變的事實。

有一些缺點，其實沒什麼大不了的，只要自己「見怪不怪」，就可以活得輕鬆自在，根本不用管別人怎麼看。

但是，正因爲人性潛藏著這種荒誕的因子，所以我們可以見到，很多人寧願被當成神經病，也不願承認自己有毛病。

在一個秋高氣爽的早晨，某位男子站在公車站牌前等車，看見身旁有位老人拿著一把又大又結實的黑色雨傘，感到有點奇怪。

「你認為今天會下雨嗎？」男子好奇地詢問這位老人。

「不，氣象報告說今天不會下雨。」老人回答。

「那麼你帶雨傘是為了遮陽嗎？」

「不，現在是秋天，太陽並不大。」

「那麼，你帶雨傘是為了什麼呢？」男子滿臉疑惑地盯著老人。

老人解釋道：「我老了，兩條腿也不聽使喚了，所以走路時需要借助枴杖。只是，每當我拄著枴杖走在路上時，人們總是說：『看那可憐的老人！』令我心裡非常難過，所以我寧願用雨傘代替手杖，至少當我在晴天裡拿著雨傘時，人們只會說：『看那個神經病！』」

人是矛盾的動物，往往不介意被人批評自己根本就沒有的缺點，卻很害怕別人發現他們自己早已知道的缺點。

故事中這個老人寧可被人當成「神經病」，也不願被人看做是「可憐的老人」，這是因為當別人批評他是神經病時，他自己清楚自己根本沒有毛病，但若旁人說他是名可憐的老人，那他不承認也不行。

是的，最殘忍的批評，是那些你無法否認的批評；最痛苦的事實，是那些你無法改變的事實。

人生最重要的課題不只是如何去發展自己的優點，還要學習如何去接受自己的缺點。若是能用一顆平靜的心去看待所有的缺陷與創傷，相信更能用一顆喜悅的心去面對生命。

太在意別人的眼光，只會讓自己淪爲無所適從的豬頭。

自以為是又怎能看見事實

自以為是的人就算事實擺在眼前，也會選擇閉上眼睛，甚至是睜著眼睛說瞎話，所以只能永遠活在無知又愚昧的黑暗中了。

一個自以爲是的人，就算天降六月雪也不會認爲自己誤判；一個固執己見的人，就算事實已攤開在他眼前，也不會認爲自己有錯。

所以，自以爲是的人又和盲人有什麼差別呢？盲人是受限於身體缺陷而看不見，但自以爲是的人卻是拒絕去看，白白浪費了上天賜給他們的雙眼。

有四位律師在爭論某個犯人到底是有罪還是無罪，其中，甲、乙、丙三位律師都認為犯人有罪，只有丁律師堅持犯人無罪。

丁律師眼看自己一個人實在敵不過那三位律師，便突發奇想地說：「雖然你們三個都不贊同我的想法，但我相信上帝會替我主持公道的！這樣吧，如果現在打了雷，那就表示連上帝也支持我的想法。」

說時遲，那時快，就在這個時候，天邊突然出現一道閃電，緊接著便響起了一聲巨雷。於是，丁律師洋洋得意地說：「看吧！我是對的。」

然而，甲、乙、丙三位律師並不服輸，堅持那只是一種自然現象，剛才打雷只是純屬巧合。

丁律師別無他法，只好又說：「那這樣吧！如果現在又打雷了，那就表示上帝真的贊同我的說法！」

奇妙的是，丁律師的話才剛說完，居然又傳來一聲雷響。但是，甲、乙、丙三位律師還是說那只是自然現象，不能單憑一聲雷響就代表上帝的心聲。

丁律師被他們逼得無話可說，只有跪在地上，虔誠地向上帝禱告說：「上帝啊，請你告訴他們我是對的吧。」

這時，天上傳來一個聲音說：「丁說的話是對的！」

甲、乙、丙三位律師從未見過這種狀況，一個個驚訝得說不出話來。但是，等他們回過神以後，甲律師拍拍丁律師的肩膀，服氣地說：「好吧！我承認上帝是站在你那邊的，所以我們現在的情況是三比二！」

想要在人生戰場獲勝，很多時候我們不免會站在特定的立場堅持己見。這並沒有錯，錯的是一副自以爲是的態度。

自以爲是的人總是只相信自己所認爲的眞理，就算事實擺在眼前，他們也會選擇閉上眼睛，甚至是睜著眼睛說瞎話或視而不見，因爲要一個人坦率地面對自己的過錯，畢竟不是一件容易的事。

然而，早點認錯，就能早點改過，早點重新開始，這樣總好過永遠做一個睜眼的瞎子，不是嗎？

但可惜的是，這種人不是不知道「知錯能改，善莫大焉」的道理，而是他們根本就不認爲自己有錯，自然也就不知悔改。因此，雖然他們明明有眼睛，但因無法看清事實，所以只能永遠活在無知又愚昧的黑暗之中了。

不要把方向盤交到別人手上

責怪別人之前先反省自己，要求別人之前先期望自己。由自己來擔任命運的舵手，不輕易把方向盤交到他人手上。

人總是在批評別人的時候理直氣壯，卻在檢討自己的時候意興闌珊。因此，不管別人對不對，自己對比較重要。

只會批評別人而不檢討自己的人，從來不願照照鏡子，看看自己究竟長什麼德性，老是自以為是，當然會引起別人的反唇相譏。

有一個老處女自視甚高，覺得方圓五百里之內所有的男人都對自己有企圖，但是這些男人都像豬，卻沒有任何一個配得上自己。實際上，眾所周知，她的年齡、容貌、脾氣都無一是處。

有一天，這個老處女又裝模作樣向鄰人請教，有什麼方法可以使一個她厭惡的追求者不再像蒼蠅一樣糾纏不清。

「這個男人真討厭，八成對我有性幻想，整天在我家門前走來走去，該不會是想強暴我吧？我該怎麼辦呢？」

鄰人想了一下，建議她：「嗯，不如妳就和他結婚算了。」

「和他結婚？」老處女氣憤地說：「我恨不得吊死他呢！」

「相信我吧！」鄰人平靜地說：「假如妳嫁給他，我敢保證，結婚不到兩個月，他就會上吊自殺。」

正因爲人的眼睛、耳朵都是向外看、向外聽的，所以很少有人會刻意努力地向內看、向內聽。

正因爲人的手指伸出來，往往是指東、指西、指著他人，所以很少人會把手指指向自己的心，檢視自己內心的聲音。

無法誠實地面對自己的缺點，是人性的最大弱點。

要知道，要求別人，效果有限，後患卻無窮。別人有別人的擁有，別人有別人的性格，別人不是你，不能隨你的意思任意塑形。不如把一切事情反求諸己，責怪別人之前，先反省自己，要求別人之前，先期望自己。由自己來擔任命運之船的舵手，不輕易把方向盤交到他人手上。

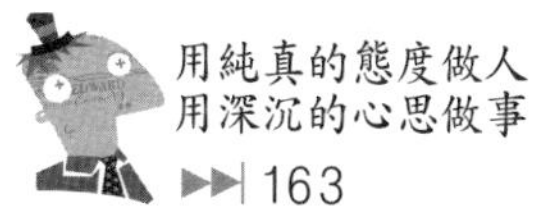

以貌取人，小心逃生無門

最容易取得的資料，往往也是最不準確、最容易令人上當的。正所謂「知人知面不知心」。

這天晚上，躺在床上的約翰對身邊的黛安說：「妳真是位難得的好女孩，儘管我長得不如我的朋友傑克那麼英俊，性能力也沒有他那麼高超，更不像他有上億的存款，但妳還是如此愛我，真令我感動……」

約翰說得深情款款，誰知，黛安卻急急打斷：「真的嗎？快，快點把傑克的電話告訴我！」

在這個拜金的世界，女人都希望自己的男人有錢、有閒，長得體面又有能力過人。只是，女人不要高興得太早，如果被男人的外表迷惑，妳遇到的男人通常只是衣冠楚楚，根本無法讓妳獲得眞正的滿足。

俗話說：「先敬羅衣後敬人。」這句話是形容一種錯誤的待人接物觀念，然而，在現代功利主義掛帥的社會中，這種以貌取人的觀念卻越來越普遍，幾乎可以說到了積非成是的地步了。

一名貌似高風亮節的神父走進一間餐廳。一進門，他就用不屑的眼光看著周遭那群不知禮節的酒客，並在嘆了幾口氣後，找了一張椅子坐下。

服務生見狀立刻跑過來問：「要一杯茶嗎？」

「不要茶。」神父不悅地咆哮。

「那麼咖啡呢？」

「不要咖啡！」

這時，另一名機伶的服務生走了過來，在神父耳邊輕聲問道：「神父，威士忌加通寧水怎麼樣呢？」

神父聽了眼神一亮，回答道：「不要水。」

「以貌取人」的確是一種要認識別人最省力又最快捷的方法。一個人給別人的第一印象，只需短短三秒鐘的時間就能深深烙印在對方腦海裡。

然而，最容易取得的資料，往往也是最不準確、最容易令人上當的。「衣冠禽獸」、「蛇蠍美人」、「人面獸心」……等這類形容詞，不就是在告訴我們以貌取人是一件多麼危險的事嗎？

正所謂「知人知面不知心」，想要眞正了解一個人眞面目，就一定要切記，千萬不可以貌取人，否則要是對方是披著羊皮的狼，你就變成逃生無門、死不瞑目的豬頭了。

06

如何擺脫
小人的糾纏？

日常生活中，每個人或多或少都有不能避免的人情壓力和煩人瑣事，為了擺脫糾纏，不動動腦袋想計謀是不行的。

自大傲慢，看起來只會像個傻蛋

看得見他人缺點的人，未必能看見自己的不足。而看不見自己不足的人，其實是最不幸的。

有句話是這樣說的：「當你把食指指向他人的時候，別忘了還有三隻手指指著自己。」

自大傲慢只會讓自己像傻蛋，仔細想想，假設別人要求我們的事，對方自己卻做不到，那麼我們一定也會覺得心有不甘、有所不服的吧。

故事發生在某校動物系期末考試會場。

老教授提著一個用黑布罩著的鳥籠，只露出兩條鳥腿。原來，考試題目是：試

由觀察到的鳥腿，寫下鳥的種類。

某學生心裡感到十分不滿，因為自己為了考試已經辛苦準備數週，結果教授卻出這種怪招，先前的準備一點都派不上用場。

一氣之下，學生拍桌而起，提前交了白卷，連姓名學號都懶得寫！

教授看了他的試卷非常生氣，當著全班的面要學生留下姓名來。

只見學生什麼都沒說，只是拉起自己的褲管，露出一雙毛毛腿，氣沖沖地對老教授說：「你猜我是誰！」

只要是人，難免都有盲點，尤其是要做到嚴格的審視自己、要求自己，更是不容易的事。

許多人勤於指責他人，卻不懂得以相同的標準要求自己，恰好就是拿著食指指向別人，卻忘了還有三根手指指著自己的人。

看得見他人缺點的人，未必能看見自己的不足。看不見自己不足的人，其實是最不幸的。

因爲對自己的缺點一無所覺，所以往往自滿，卻不知道在旁人眼中，自己已經成了只會說、不會做的傲慢自大狂。

清代文士張潮曾說：「律己，宜帶秋風；處世，宜帶春風。」

我們雖然未必能做到樣樣完美，但還是必須時常自省、自律，並提醒自己以虛心的態度謙和待人，這樣才是待人處世的最佳方式。

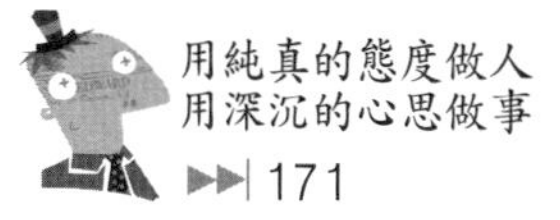

如何擺脫小人的糾纏？

日常生活中，每個人或多或少都有不能避免的人情壓力和煩人瑣事，為了擺脫糾纏，不動動腦袋想計謀是不行的。

維吾爾族有句諺語：「有駱駝大的身體，不如有鈕釦大的智慧。」這句話告訴我們，沒有智慧的蠻力，根本毫無價值可言，換言之，只要你懂得運用智慧，那麼你將會恍然發現，有時候，看不見的「智力」要比看得見的「武力」更可以發揮料想不到的作用。

有一天，林肯總統因生病住進了醫院，但仍然有不少人為了求得一官半職，來到他的病床前不停地嘮叨。雖然他們把林肯和醫生都煩得心情很差，但是礙於禮儀，又不便硬將他們轟走。

又有一次，一個令人討厭的傢伙正要坐下來跟總統長談一番時，醫生剛好走了進來。林肯於是伸出雙手問道：「醫生，我手上這些疙瘩是怎麼回事？」

醫生說：「這是假天花吧！不過，也可能是輕度天花。」

林肯說：「那麼，我全身都長滿了這些東西，這種病會傳染吧？」

醫生說：「是，傳染性確實很強。」

這時候，坐在一旁的客人，立刻站了起來，大聲說：「哦，總統先生，我只是順道來探望您，希望您早日康復，我有事要先走了。」

「啊，別急著走嘛，先生！」林肯開心地說。

客人趕緊說：「以後有空我會再來拜訪的，以後再來……」一邊說，一邊急忙地往門外跑出去。

等那個人走遠，林肯這才高興地說：「現在，我終於有時間，看看那些客人送的好東西了。」

這是非常有趣的小故事，充分表現了林肯總統做人做事的機智，以及他和幕僚人員之間的默契。

日常生活中，每個人或多或少都有不能避免的人情壓力和煩人瑣事，爲了擺脫糾纏，不動動腦袋想計謀是不行的。

我們時常爲了這些小事而困擾不已，在衡量面子、身份，或怕得罪別人之餘，常常必須按捺著情緒接受對方的疲勞轟炸，然後再找機會發洩或抱怨。

不過，一味隱忍，事情永遠也無法解決，而你永遠也只能抱怨。

學學林肯總統應付小人的智慧吧！

動動你的大腦，每一件事都會有他的解決方法和技巧，只要你多動動腦筋，一定會想出兩全其美的好方法。

藉機說出「言外之意」

懂得藉機說出「言外之意，弦外之音」，正是我們在社交時，非常需要學習的風範和技巧。

古希臘哲學家亞里斯多德曾說：「要說發脾氣，誰都會，這並不困難，難的是當你發脾氣的時候，懂得如何掌握分寸，懂得採取適當的方式，最重要的是懂得用機智來代替憤怒。」

的確，一個只爲生氣而生氣的人在盛怒之下，嘴裡的那條舌頭就像一匹脫韁的瘋馬，而一個眞正有智慧的人，在盛怒之下，則會用自己的機智去駕馭那條可能變成瘋馬的舌頭。

某次午宴上，有位女士與柯立芝總統十分器重的大使，為了一件小事展開了一場唇槍舌劍的言詞交鋒。

這個女士越說越氣憤，為了壓倒對方，便故意貶低對方，說他粗野而無知，正巧這時有一隻大黑貓懶洋洋地來到餐桌旁，靠著桌腿蹭起癢來了。

柯立芝總統這時巧妙地轉過身，對身邊的人說：「唉，這隻貓已經是第三次來這裡搗亂了。」

總統故意把這句話說得很大聲，正是為了讓那位「凶悍」的女士聽見，只見她馬上安靜了下來，之後就再也沒有聽到她的聒噪聲了。

一向彬彬有禮的柯立芝總統，會在這樣的社交場合中，突然大聲指責一隻貓，「指桑罵槐」的用意，在場人員自然都心照不宣。

這正是我們所謂的「話中有話」、「罵人不帶髒字」，能夠巧妙地對這個女士的無聊爭執做出抗議，卻又不會因爲直接出言制止而影響宴會的氣氛，可說是一舉數得，方法絕妙。

這樣的機智，是許多人際關係良好的成功人士常發揮的，當別人正吵得不可開交時，他們往往會天外飛來一筆，而且效果非凡，避免了直指對方不是的尷尬，又能讓對方充滿了解其中的含義。

懂得藉機說出「言外之意，弦外之音」，正是我們在社交時，非常需要學習的風範和技巧。

幽默感能把大事化為小事

學會以幽默的態度面對事情，大事往往能化作小事，用幽默來解決事情，再尷尬的場面也能變得輕鬆自在。

希爾泰說：「動不動就生氣的人，只會突顯他無法駕馭自己的幼稚。」因為，一個成熟有智慧的人，並不會動不動就用生氣來解決問題，而是會用機智來代替生氣的幼稚行為。

人與人之間的互動是相當微妙的，往往左右著一個人的成敗，凡事針鋒相對無疑是最糟糕的處世模式。發生紛爭的時候，如果你想把大事化小、小事化無，不妨試著發揮一些幽默感。

柯立芝總統擔任麻薩諸塞州參議員時，有一次，一位健談的議員發言表示支持某項議案，發言時，在每句話的開頭，他都會重複說一句：「議長先生，話是這麼說的……」

當這位議員報告完後，反對這項議案的柯立芝馬上站起來說：「發言人先生，話不是這麼說的……」

登時全場哄然大笑，而那項議案也因此被否決了。

還有一次，有兩個議員為了某件事情，爭得面紅耳赤。

其中一位議員咒罵對方「該下地獄」，而挨罵的那位議員則是火冒三丈，拉著柯立芝要幫他主持公道。

只見柯立芝不慌不忙地說：「議員先生，您不必著急，我已經查過法典，您還用不著為此到地獄走一趟。」

柯立芝說完了這句話，議場緊張的氣氛便緩和下來了。

歐洲有句諺語說：「生氣的時候，去踢石頭，疼的只是自己。」

一個眞正有智慧的人，生氣憤怒的時候，並不會蠢到用自己的腳去踢石頭，而會用幽默的方式表達自己的觀感。

機智幽默可以說是人們在社交場上所穿的最漂亮的服飾，尤其是你出糗或遭到言語攻擊，適時的機智絕對可以化解尷尬或對立的氣氛。

一句幽默的話，勝過長篇大論，如何運用幽默感來化解生活的難題，相信是許多人必須學習的課程。

學會以幽默的態度面對事情，大事往往能化作小事，用幽默來解決事情，再尷尬的場面也能變得輕鬆自在。

心平氣和才是對付小人的法則

若能以推理分析來回應，定能讓對手的荒謬論調不攻自破，而且更能得到別人的讚賞與欽佩！

我們都很習慣用憤怒處理事情，用情緒來駁斥別人說我們的不是，殊不知許多時候，因爲過度激昂的情緒，反而容易模糊了事情的焦點，也更加容易讓別人忽略應當知道的事實。

不如學學下面故事中契斯特．朗寧的機智加以還擊吧！

加拿大前外交官契斯特．朗寧是個在中國出生，而父母都是美國人的傳教士。朗寧出生時，因為母親無法餵哺，所以便請了一位中國奶媽餵養他。

但是，沒想到在他三十歲競選議員時，這段往事竟被對手做為攻擊、誹謗的話題。他們批評的理由，正是朗寧曾經喝過中國人的母奶長大，身上一定有中國血統的謬論。

面對對手的惡意攻擊，朗寧也不甘示弱，隨即根據誹謗者的荒謬邏輯，嚴厲地加以駁斥。

他說：「如果喝什麼奶，就形成什麼血統的話，那麼你們誰沒喝過加拿大的牛奶？難道在你們身上就有了加拿大牛的血統嗎？當然，你們可能既喝過加拿大的人乳，也喝過加拿大的牛奶，那麼在你們身上，不就有加拿大人的血統，又有加拿大牛的血統了嗎？如此推論的話，你們豈不是『人牛血統的混血兒』了。」

日本作家櫻井秀勳曾經這麼說：「不管是什麼形式的批評，最好都要以機智幽默的方式進行。」

如果不懂得用機智幽默的方式化解衝突，那麼生活就是由摩擦和痛苦串連而成，如果能夠用輕鬆幽默的心態面對，那麼人生就會精采豐富。

在任何荒謬的論點，都有可能被編造出來的人際社會裡，要攻破這些謬論，除了要有冷靜理智的思考方式，更要有攻破敵手論點的機智。

若能以推理分析來回應，定能讓對手的荒謬論調不攻自破，而且更能得到別人的讚賞與欽佩！

贏回自己應有的尊嚴

人與人相處之道，貴在誠心敬意，懂得如何互相尊重，你才有可能得到別人的敬重。

做事的時候必須用對方法，才能讓效果達到最大。如果你在事業、工作或生活上遇到瓶頸，那麼就必須冷靜想出解決的辦法。

冷靜是突破困境的最高智慧，可以讓自己頭腦清醒，不至於進退失據、患得患失；看看以下這個眞實故事，或許對你有所幫助。

儘管羅斯福總統很了解英國人，也很喜歡與英國人為友，但是，他仍然受不了英國官員所流露出來的傲慢態度。

有一天，財政部長亨利．摩根索，拿了一封英國財政大臣的信給羅斯福看，他卻發現，對方在信封上沒有加上任何官銜的稱呼，而且很不禮貌地直呼部長之名：「亨利．摩根索先生」。

摩根索沒有留意到這一點，他只注意到信裡的內容，但羅斯福卻一眼就看到了，也看出了英國人所顯露出來的傲慢。

當摩根索另外拿出一封他準備回覆的信件時，羅斯福看了看說：「這封信的內容，寫得不錯，但你犯了一個錯誤。」

摩根索慌張地問：「犯了什麼錯誤？」

羅斯福說：「在稱呼上，你應該直呼他的姓名，這樣才能與那封信的稱呼一致，所以，你千萬不要在稱謂上再加任何官銜。」

羅斯福這招果然厲害，英國財政大臣的第二封來信中，就規規矩矩地加上了美國財政部長的官銜。

羅斯福以其人之道，還治其人之身，給了傲慢的英國大臣一個教訓，也爲自己

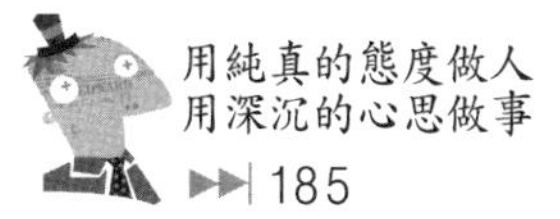

贏回應有的尊嚴和敬重。

人與人相處之道，貴在誠心敬意、互敬互讓，懂得如何互相尊重，你才有可能得到別人的敬重。

雖然只是一個小小的官銜稱謂，但在細微處所應當表現出來的禮儀，卻比面對面的尊重更重要。

這是我們必須留意，也是許多人容易忽略的小細節，而且，往往因爲這個小疏忽，而讓你莫名地得罪別人，或是失去大好機會。

適可而止，才是正確的溝通方式

不要強人所難，並且抱著將心比心的包容和尊重，那麼誤會與衝突，也都不會發生了。

羅馬思想家西塞羅曾經寫道：「幽默會給人帶來歡樂，而且，常常可以產生巨大的作用。」

的確，幽默不僅能令人開懷，而且還常有潤滑的妙用，可以讓你跟別人交際的過程中增添光彩。

羅斯福總統在擔任紐約州長期間，喜歡在酒宴時喝些調酒，還特別喜歡勸身邊的人多喝酒，每當他看到別人的杯子空了，就會馬上說：「再來一杯吧！」

在一次宴會上，他熱情地為最高法院的法官塞姆．羅斯曼加滿了第二杯酒，但是羅斯曼並不會喝酒，喝完第一杯雞尾酒，就已經有點不大舒服了，因此，他趁其他人不注意的時候，把這第二杯酒偷偷地倒進角落的花盆裡去了。

不久，又有一場雞尾酒會，酒會中羅斯福故意對羅斯曼說：「塞姆，你知道嗎？行政大廈裡的花發生了怪現象，前幾天，有一棵盆栽的葉子開始變色，他們請來農業部的專家，把花和土壤都帶回去研究，檢驗出來之後，你猜他們發現什麼？他們發現土壤裡含有很高的酒精成份。問題是，這些土壤是從什麼地方挖來的呢？」

這時在場的人都笑了起來，羅斯曼也不好意思地笑著承認，是自己偷偷將酒倒入了那個花盆中。

接著，他對羅斯福說：「州長，如果你不想讓你的花全都遭殃，最好饒了我，別再給我第二杯酒。」

從此，羅斯福再也不勉強羅斯曼喝第二杯酒了。

沒有責難和爭辯，羅斯福總統與羅斯曼的互動裡，有著他們獨特的溝通方法，充滿著難得的風趣和幽默。

我們很容易強人所難，也很習慣用情緒來解決事情，其實，與人溝通的正確方式是，凡事適可而止。

不要強人所難，儘量找出問題的原因，並且抱著將心比心的包容和尊重，那麼誤會與衝突，也都不會發生了。

真誠待人，才能贏得人心

只要能用心處事、真誠待人，就一定能贏得人心，成功地贏得對方的尊敬和信任。

通常我們都認爲自己很了解自己，也頗能洞穿別人，但實際上，我們經常誤解自己，對於別人的認知也僅止於皮毛。正因爲如此，必須與別人互動之時更加用心，才能贏得眞心。

愈是睿智的人，愈有寬容的胸襟，一個寬宏大量的人，愛心往往多於怨恨，樂觀、忍讓的圓融個性，讓他成爲一個眞正聰明有智慧的人。

美國經濟蕭條期間，美國官方委派哈里·霍普金斯，負責聯邦政府的救急署，而里德．伊克斯，則負責聯邦政府的公共工程管理局。

但是，為了職責分工的問題，霍普金斯和伊克斯一開始就發生了衝突。

有一次，伊克斯向羅斯福抱怨，霍普金斯的動作太過緩慢，使他無法順利工作，不過，羅斯福卻要求伊克斯不要再耍脾氣了。

「我當時毫不客氣地頂了回去，」伊克斯在日記中回憶說：「那晚我說了許多話，因為是羅斯福總統，所以我才能如此發言，如果換成現在的其他總統，我恐怕就沒這麼大膽了。」

不久，羅斯福在全體內閣會議上，當眾告誡伊克斯，千萬不要再講霍普金斯和救急署的壞話。

「很明顯的，總統是有意要當著全體內閣成員的面，狠狠地教訓我一下。」伊克斯悲嘆地說。

在內閣會議以後，伊克斯想單獨見見羅斯福，但是卻被勞工部長搶先一步，還把總統這次行程裡，預留溝通的時間都用光了。伊克斯怒氣沖沖地回到自己的辦公室，坐下來打了一份辭職信給羅斯福總統。

第二天中午，當伊克斯前去面見羅斯福總統時，總統用責備的眼神望著他，並給了他一個手寫的備忘錄。

「親愛的哈羅德……」在友好的稱呼之後，總統寫下了不同意他辭職的理由：「我對你充滿信心，為完成公共事業的巨大任務，國家非你不可，你的辭職我決不接受。你親愛的朋友，富蘭克林．羅斯福。」

接到這樣的備忘錄，伊克斯的火氣完全消了，他說：「能遇到待人真誠而且值得信任的總統，實在沒有話可說！所以，我當然願意留下來了。」

二十世紀最偉大的科學家愛因斯坦曾說：「寬容意味著尊重別人的無論哪種可能存在的信念。」

很多人喜歡爭強鬥勝，爲了炫耀自己比別人強那麼一點點，總是搶著出鋒頭，一旦被別人比下去，就鬧彆扭、生悶氣。

其實，社會是個大染缸，人生是個修煉場，人應該變得更圓融、更成熟、更幹練，不斷地調整自己面對人生的態度，何苦老是爲了生活中的芝麻細事跟別人過意不去，跟別人糾纏不休呢？

只要能用心處事、眞誠待人，就一定能贏得人心。

羅斯福之所以會當衆責難伊克斯，其實只是要磨礪他的性情而已，因爲他知道伊克斯的爲人，也知道他的個性直率，更明白伊克斯是個難得的人才，所以他運用了「知才惜才」的用人智慧，成功地贏得對方的尊敬和信任。

真心誠意就能改變別人的心意

只要你能腳踏實地付出，只要能用真心誠意的態度來實踐，再難攻破的堅石，也都一定能滴水穿石。

俄國文豪高爾基曾經寫道：「真誠的關心，讓人心裡那股高興勁兒就跟清晨的小鳥迎著春天的朝陽一樣。」

出自眞心的幫助，不僅能藉善意的動作潤滑自己的人際關係，也會讓自己的心靈世界豐富起來。

日本著名的政治家三木武吉，是一個非常具有雄心的人，二次世界大戰後，他不僅建立保守政黨，還組成了鳩山內閣。

在經濟上，三木武吉也十分地自信，甚至誇口將以三木公司，與日本財經巨頭三井、三菱鼎足而立。但是，他卻徒有抱負，而缺乏經商的頭腦，不久，三木公司就因為屢遭詐騙，而負債累累了。

在進退兩難的時候，三木武吉狗急跳牆，不得不耍起手段欺騙別人，試圖以此挽回敗局。

不過他的騙局，很快就被對方識破了，而受騙的松太郎，一氣之下決定向法院提起告訴。但是，身為政治家的三木武吉，如果被法院以詐欺罪起訴，不但會毀掉他苦心經營的政治前途，也會因為坐牢而使自己的人生蒙上無法抹滅的污點。就在三木走投無路的時候，有位一直默默關心他的女人救了他。她暗中拜訪松太郎，希望他能網開一面，又以其女性特有的柔軟力量，希望他諒解三木的苦衷，請求松太郎能給三木一條生路。

但是，由於松太郎受害很深，無論如何也不願退讓，所以這個女人想盡方法，也無法打動松太郎的心。

突然，這位女子當著松太郎的面，拿起剪刀，剪下了自己的一頭秀髮，這個舉動終於打動了松太郎，同意撤回訴訟。

故事裡的三木武吉可說非常幸運，靠著那位女子相助，終於避免了一場牢獄災難。這個女子是三木武吉的貴人，她以誠意和犧牲來感動松太郎的精神，著實讓人感動，與三木武吉的不踏實，試圖以欺騙別人解救自己的行爲，更是形成了強烈對比。

這個故事給我們的啓示，只要你能腳踏實地的付出，只要能用眞心誠意的態度來實踐，再難攻破的堅石，也都一定能滴水穿石。

天底下沒有融化不了的冰山，世界上也沒有絕對不能和睦相處人，只要懂得設身處地爲對方著想，眞心誠意地對待他們，就一定能換來正面的回報。

07

見怪不怪，才不會受傷害

若是不想因好奇而破壞原本愉悅的心情，不如就傻一點、遲鈍一點，至於那些無關乎自己的事，就不要打破沙鍋問到底吧！

可以不介意，但是一定要注意

對於自己的傳聞可以「不介意」，但是一定要「注意」。在需要的時候做適當的處理，讓它在自己可以控制的範圍內。

小王最近發現一進辦公室，就有一堆奇怪的眼光直盯著自己，原本和自己交情不錯的同事，態度也比以往冷漠許多。甚至原本是自己負責的企劃案，竟臨時被主管取消。

摸不著頭緒的小王，感到非常挫折。他根本不知道有個不利於自己的傳言，正在公司裡四處傳播，因而不論公司內的人相不相信這則謠言，心裡多多少少都受到了影響。

從街頭巷尾到公司行號，八卦、傳聞往往是人們的最愛，也以不同形式存在於我們的周遭。它是「隱形殺手」，不小心多挨它幾刀，就會因爲流血過多而死亡，一定要特別留意。

弗拉基米爾・馬雅可夫斯基是二十世紀第一位將自己的才華獻給社會主義十月革命的蘇聯詩人。

一九一七年的某一天，他走在聖彼得堡的涅夫斯基大街上，悠閒地享受迎面吹來的微風。走到轉角處時，發現前面不知為什麼圍了一群人，阻擋了通道。

他走上前一探究竟，沒想到才剛靠近，就聽見自己的名字不斷被提起。好奇的他佇立觀看，見到有個頭戴小帽、手提包包的女人站在人群中央，正用最荒謬的謠言在汙衊、中傷自己。

突然，馬雅可夫斯基穿過人群，衝到這個女人跟前大喊：「抓住她，她昨天把我的錢包偷走了！」

那女人聽了這項指控，驚慌失措地說：「你在胡說些什麼？你搞錯了吧，我根本不認識你！」

但馬雅可夫斯基態度篤定，堅持說：「沒錯，我絕對沒有認錯人。就是妳偷走了我的二十五盧布。」

人群開始鼓譟不安、議論紛紛，甚至有人嘲笑那個女人，並漸漸四散離去。當所有人都走光的時候，那女人一把眼淚一把鼻涕地對馬雅可夫斯基說道：「我的上帝，您瞧瞧我吧，我可真是頭一回看見您呀！」

馬雅可夫斯基答道：「可不是嗎？太太，妳才頭一回看見馬雅可夫斯基，就可以毫無根據地批評他！我勸妳回家的時候，可別拿自己的傭人出氣啊。」

人們很容易對自己不了解的事物輕易下判斷，甚至說得頭頭是道。就如同批評馬雅可夫斯基的那位太太，甚至連他是誰都不曾看過。

對於這樣的情況，能言善辯又風趣幽默的馬雅可夫斯基選擇正面反擊，以杜絕類似的不實謠言再度傳開。

對於自己的傳聞可以「不介意」，但是一定要「注意」。至少必須了解傳聞的根源，明白是誰說出來的，以及用意何在，並在需要的時候做適當的處理，讓謠傳維持在自己可以控制的範圍內。

對於自己的謠言太過在意，會影響自己的情緒，因而在謠言並不傷大雅的情況下，可以當做沒這回事。但是，危及個人利益及人格的傳聞，就應該追查得愈清楚愈好，最好盡早澄清，必要時也要適度反擊，才可以避免對方用惡意的訊息傷害自己。

沒有同理心，當然沒水準

當一個人把自己放大，他身處的世界就會變小；眼中看不到其他人，自然說話時就不會在意他人的感受。

說話得三思後再出口，在說別人沒水準之前，請先想想自己的水準。因爲，喜歡要求別人的人，往往最應該要求的就是自己；老是批評別人沒水準的人，其實自己才是最沒有水準的那個人。

在美國淘金熱的那個時代，有一個一向在東岸巡迴演出的高級劇團，想讓西部人也接受一點文化的洗禮，於是特地來到西部演出。

演出的戲劇中，有一幕是女主角死掉了，男主角傷心地自言自語：「我該怎麼

辦呢？我該怎麼辦呢？」

根據以往的經驗，一般觀眾看到這裡都會感同身受、潸然淚下，但是那些西部人卻似乎無法領略。

當男主角喃喃說道「我該怎麼辦」時，樓上包廂立刻有人大聲地插嘴說：「趁她的身體還沒有冰冷以前，趕快和她做愛！」一下子就把劇團好不容易營造出來的氣氛全破壞掉了。

因此，第二天演出之前，劇團經理特地跑去找警長，告訴他這個劇團本來是想帶給當地人一些高級的娛樂，希望觀眾們能遵守秩序，不要再做出一些粗魯的舉動。警長點了點頭，深感經理的用心，並向經理保證不會再有類似的情況發生。於是，當天晚上，警長親自帶了兩把槍，並坐在舞台正前方，以確保演出能順利進行。

當舞台上演到男女主角幽會的場景時，男主角吻了女主角，然後感嘆道：「啊！這世界上還有什麼東西比妳的紅唇更甜蜜的呢？」

這時，台下的觀眾無不屏氣凝神地觀賞著，唯有警長聽到這句話，立刻一躍而起，轉身揮舞著雙槍對全場觀眾說：「要是有哪個王八蛋敢回答說是女人的奶子，我就一槍斃掉他！」

每個人都有表達自己意見的權利，但是也有尊重別人的義務。有些人覺得，嘴巴長在我臉上，耳朵長在你身上，我想說什麼就說什麼，你若是不想聽，大可自行走掉，爲什麼要妨礙別人說話的權利呢？

但是，這就和「罵髒話應不應該」、「電影院裡該不該關掉手機」的問題是一樣的，是個公德心、同理心的問題。另外，那也代表這種人只想到自己，不曾注意他人的感受。

當一個人把自己放大，他身處的世界就會變小；眼中看不到其他人，自然說話時就不會在意他人的感受。唯有不膨脹自己，世界才會開闊。

事前多思考，事後少煩惱

做錯事情沒有關係，但若你連自己做錯了什麼都不知道，或是犯錯之後還自以為聰明，那就真的無藥可救了。

科學家愛迪生曾經這麼說：「無法培養思考習慣的人，便失去了生活中最大的樂趣。」

其實，不只是失去樂趣而已，如果沒有思考的習慣，那恐怕連生活的能力也沒有，因爲你會不懂得是非輕重，自然就頻頻出錯。像下面笑話中的三兄弟，就是最好的例子。

在某個晴朗的下午，三兄弟在公園裡散步時，看見路中間有件奇怪的東西，便開始猜測那究竟是什麼。

「看起來很像是狗大便耶！」目光精明的大哥說：「我想，我們最好還是仔細檢查一下吧！」語畢，他便彎下腰來，將鼻子湊近那坨奇怪的東西，然後深深地吸了一口氣。

「嗯，聞起來的確很像狗大便。」大哥點了點頭，起身之後更加肯定自己的想法沒有錯。

二哥聽了也走上前去，把手指插進那坨東西裡，攪了攪後有感而發地說：「是啊，摸起來也很像狗大便。」

為了得出最正確的答案，小弟便伸手沾了那坨東西一下，然後把手指放進嘴裡，嚐了嚐味道後肯定地說：「嗯，它連嚐起來都像狗大便。」

此時，這三兄弟終於鬆了口氣，愉悅地說：「真的是狗大便，幸好我們沒有踩到它！」

不管做什麼事，一定要讓自己的腦子多轉動。如果不願花點心思想想，老是傻乎乎的，必然會陷入各種煩惱之中。

做事不分輕重，結果就會因小失大。

很多人只憑著感覺去做一件事，卻從來不用腦袋想想自己究竟爲什麼要做那件事。於是，糊裡糊塗就行動的結果，往往是糊裡糊塗地受傷、糊裡糊塗地吃虧，甚至有時連吃了大虧也不知道。因此，人不一定要有一顆聰明的頭腦，但是一定要有一顆清明的腦袋。

事前多思考，才能減少事後的煩惱。做錯事情沒有關係，因爲它還可以補救，但若你連自己做錯了什麼都不知道，或是犯錯之後還自以爲聰明，那就眞的無藥可救了。

不同的心情造就不同的處境

你的想法決定了你是個怎麼樣的人，決定了你會笑著迎接困境，還是會哭著面對人生。

人生有太多預料得到與預料不到的事，即便是預先規劃好的也會碰到意外發生。所以，重點不在於你遇到什麼事，而是你要用怎麼樣的心態去面對，不同的心情會造就不同的處境。

某一天，有三個人來到一間雜貨店裡買東西，雜貨店老闆問第一個進來的客人說：「請問你需要什麼呢？」

第一個人回答：「我想要買一包糖。」

雜貨店老闆立刻從倉庫裡把梯子搬出來，爬到最頂端的櫃子上，把一包糖拿下來給客人。

收完錢之後，老闆又問第二個客人：「請問你需要什麼呢？」

第二個人說：「我想要買一包糖。」

「哇！那你為什麼不早點講呢？你看，我都這把年紀了，爬梯子很累的！」老闆雖然嘴巴上嘮叨不停，還是從倉庫裡把梯子搬出來，爬到最頂端的櫃子拿糖。

在爬梯子時，老闆有了一次教訓，便未雨綢繆地問第三個客人：「你是不是也要一包糖啊？」

第三個人搖了搖頭，回答：「不是。」

老闆於是放心地下來，並且把梯子擺回倉庫裡，然後問第三個客人：「你想買些什麼呢？」

第三個人說：「我想要買兩包糖！」

遇到令你哭笑不得的情形時，你會選擇笑？還是選擇哭呢？

如果你認爲「老天爺總是喜歡捉弄我」，想必你一定常常被人愚弄；但若你想的是「老天爺特別喜歡考驗我」，那麼你一定會有一種「天降大任於斯人」的感慨。你的想法決定了你是個怎麼樣的人，決定了你會笑著迎接困境，還是會哭著面對人生。

別人或許可以決定你的處境，但是沒有人可以決定你的想法。如果你不把自己當成是「受害者」，那麼你自然就能以眞誠的歡笑迎接挑戰。

可以冒險，但不要鋌而走險

要做多大的事就得冒多少的險，名利的誘惑經常使人鋌而走險，財富的氣味也往往薰得人們忘記了拿捏輕重。

做人做事具備一點心機並不可恥，但是心機應該發揮在正面的事務上，同時也要運用在正確時機，而不是隨時隨地都想動歪腦筋。

平常幾乎大門不出、二門不邁的大毛，有天竟然被抓進監牢，並且被法院判了重刑。事情傳開來，街坊鄰里無不感到吃驚，大毛的母親也不能接受這個事實，認為兒子不是被人誣賴，就是肯定抓錯人了。

探監時，大毛的母親心疼地問兒子：「孩子啊，他們為什麼要這麼折磨你啊？

難道你一天到晚在家搞那些油墨、畫片、鋼板也犯法嗎？」

大毛說：「那倒不是，他們之所以這樣惡整我，主要是因為我用這些東西去和政府競爭。」

「那更說不過去了！現在都什麼時代了，市場經濟、公平競爭本來就是天經地義的事，憑什麼他們這樣就要抓你？」

「唉，」大毛自怨自艾地說：「可能是我太厲害了，所以造成了惡性競爭。政府爭不過我，就只好動用司法力量來扳倒我囉。」

「那你們到底在競爭些什麼啊？」大毛的媽媽問。

大毛回答：「沒什麼，就因為我生產的鈔票比政府的還像真的！」

莎士比亞曾經如此說道：「才華智慧如不用於有用的地方，便和庸碌平凡毫無差別。造物者是個精於計算的女神，她把給予世人的每一份才智，都要受賜的人感恩，善加利用。」

要做多大的事就得冒多少的險，但事先一定要做好風險評估，特別是想做壞事時，一定得提醒自己連一次也摔不得。

遺憾的是，名利的誘惑經常使人心甘情願地鋌而走險，財富的氣味也往往薰得人們忘記了拿捏輕重。

現實社會中，作姦犯科的案件層出不窮，原因就在於，許多人只看到成功者一步登天的美好，卻沒有看見失敗者永不超生的慘況。

為了慾望鋌而走險的人，到頭來，財富或許到手了，性命卻也賠上了。你認為值得嗎？

吃虧是為了讓報酬加倍

吃虧雖然不見得能佔便宜，但現在所吃的虧，說不定有朝一日會得到加倍的報償。

每個人都討厭吃虧，所以才會有人發明了「吃虧就是佔便宜」這句話來安慰自己，也安慰其他同樣吃了虧的人。

但這其實也說明了，那些喜歡佔人便宜的人有多麼令人討厭！

一天晚上，一對夫妻一同在餐桌上談論隔壁鄰居的事。

老公不悅地說：「我覺得隔壁的陳太太真的很討厭耶，每次都趁吃飯的時間來借醋，而且每次的藉口都是說他們家今晚吃大閘蟹，分明就是想佔我們便宜嘛！」

「就是說啊，」老婆被丈夫說中了心事，連忙提議道：「我們一定要想個辦法，好好教訓他們一下，省得他們越來越囂張！」

「對對對，我們來想個辦法……看看有什麼辦法可以治治他們……」

過了一會兒，老婆得意的從椅子上跳了起來說：「我想到了，待會我就去按電鈴，跟陳太太說，今晚我們家吃醋，叫她借我們幾隻大閘蟹。」

比別人多付出一點，雖然看起來好像是吃了虧，但是在無形中，卻會比別人更容易接近夢想。

從前有兩位小學生，爲了能打羽毛球，合力把學校禮堂的一百多張長凳搬開，等到打完球以後，再又重新把這一百多張長凳搬回原位。

同學們知道這件事之後，都嘲笑他們是白做苦工，沒想到，後來他們卻成了羽毛球國手。

還曾經聽過一個女生，平日常常託坐在她附近的同事替她買早點，總是給他二十元，買一個她常吃的包子。

後來有一天，這位男同事休假，女生只好自己去買包子，這時她才發現，她喜歡的這種包子，不知道從什麼時候開始，已經漲到了二十五元。

從此以後，女生看這名男同事的眼光變得不一樣了，沒過多久，這個男人就憑著五塊錢，討回了一個老婆。

吃虧雖然不見得能佔便宜，但現在吃了虧，說不定有朝一日會得到加倍的報償。因為，上天是公平的，今天你所吃的虧，必然是為了來日更多的獲得而準備。

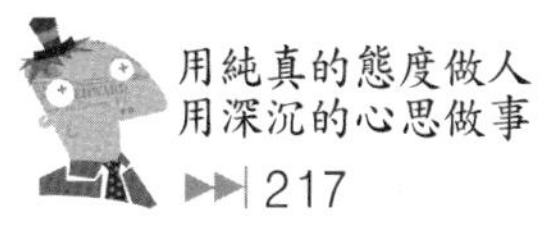

見怪不怪，才不會受傷害

若是不想因好奇而破壞原本愉悅的心情，不如就傻一點、遲鈍一點，至於那些無關乎自己的事，就不要打破沙鍋問到底吧！

沒有智慧的人克制不了心中的慾望，最容易被表面現象迷惑，也最容易被好奇心牽著走。殊不知，智者的好奇，稱做「求知慾」；愚人的好奇，就只能叫做「多管閒事」。

一名男士到酒吧裡點了一杯馬丁尼。

一邊喝著，他發現身旁坐著一位穿著邋遢的醉漢，而這醉漢似乎興趣盎然地在研究什麼。當這名醉漢把他手裡的東西拿到燈光下把玩時，男子忍不住靠到他身邊去一探究竟。

「嗯，它看起來真像塑膠……」醉漢一邊說一邊不斷用手指搓揉「那個東西」，但之後又說：「但是感覺起來又很像是橡膠。」

一旁的男子趁機問：「你手裡拿著的是什麼啊？」

「唉，要是我知道就好了，這玩意兒看起來像塑膠，但感覺起來卻像是橡膠，我還真搞不懂這到底是什麼呢！」

「那麼我可以看看嗎？」

醉漢於是便將手裡的東西交到男子手上，男子同樣不停地用手翻轉這件東西，想要好好徹底研究。

「你說的沒錯，它看起來像塑膠，但觸感卻像是橡膠，連我也不知道這是什麼。你還記得你是從哪裡拿到這個東西的嗎？」男子問。

醉漢想了想，回答道：「從我的鼻孔裡。」

雖說「好奇心殺死一隻貓」，但是好奇本身並沒有錯，因爲如果沒有好奇，人類不會進步；如果沒有好奇，世界不會有新的發現。

只是，過多的好奇心、不當的發問方式，往往會對許多人事物造成傷害，而且不是一句抱歉就可以挽回的。另外，好奇還會導致猜忌、猜疑、八卦、閒言閒語……等等，很容易導致自己的不快。

所以，若是不想因好奇而破壞原本愉悅的心情，不如就傻一點、遲鈍一點，至於那些無關乎自己的事，就不要打破沙鍋問到底吧！

好奇就和誠實一樣，雖然本身沒有錯，但卻引來很多錯。見怪不怪，才不會讓自己受傷害。

不說假話，才能活得心安理得

想要在社會上順利生活，最重要的就是「誠信」。而累積信用的第一步，就是要學會「不說假話」。

英國作家塞繆爾．約翰遜曾說：「有些人外表看起來天性純良，也常使自己和別人愉快，目的不外是為了博取別人信任。」

確實如此，凡是想要獲得你信任、同情的人，通常會在你面前裝老實、裝可憐，並且很有技巧地將陰謀詭計包裝在言行之中。

想讓這些人現出原形，最好的方法就是抱持看好戲的態度，順著他們的邏輯走，讓他們自討苦吃。

四名歷史系的大學生在期末考的前一天晚上徹夜狂歡，到了期末考當天，四人都爬不起來去考試，於是他們只好在事後向教授求情，並解釋說，因為期末考的前一天晚上，他們四人一起在外面苦讀到早晨，沒想到在來學校的途中，車子居然爆胎了。

四名學生一搭一唱地說，這實在是意外之中的意外，若要為此處罰他們，未免太不盡人情了，希望教授能夠給他們一個補考的機會。

教授倒也是個通情達理之人，二話不說便把這四個學生分別安排到四個不同的教室，進行他們的期末考。

考卷上面的第一題是：中華民國國父是誰？（五分）

四個學生心想：出這麼簡單的題目，教授還真是個大好人。

只是，當他們看到第二題時，所有人都傻眼了，考卷上第二題的題目竟然是：是車子哪一個輪胎爆了？（九十五分）

想要活得心安理得，就必須養成不說謊的好習慣。

人們之所以說謊，往往是因爲不肯承認自己犯下的錯誤，或是害怕承認了之後將會受到責難。

然而，能夠用謊言粉飾太平、掩蓋一切固然很好，但若運氣太差，反而會弄巧成拙，顯得欲蓋彌彰。這樣一來，不僅會令人懷疑你解決問題的能力，同時也會讓人對你的人格心存質疑。

一個人如果想要在社會上順利生活，最重要的就是「誠信」，而累積信用的第一步，就是要學會「不說假話」。

雖然，說眞話有時眞的會毀了你的形象，但是意圖掩飾眞相的謊話，更有可能會毀了你原本的大好前程。

如何讓難纏的人心軟？

無私的愛心之所以能打動人，是因為其中包函了真心和誠心，不管是多麼鐵石心腸的人，遇上了這麼一個溫柔的愛心，想不心軟也難！

日本當代作家池田大作在《青春寄語》一書中說：「即使開始懷有敵意的人，只要抱著真實和誠意去接觸，就一定能換來好意。」

確實如此，天底下沒有融化不了的寒冰，只有不懂得如何用眞心去融化，卻一味想投機取巧的人。

想在人性叢林獲得成功，不光有能力、肯努力就能達到，必須明確洞悉自己遭遇的對手，也明瞭自己面臨什麼狀況，並且用最正確的方法面對。

二次大戰後，日本有一位叫市村的地產商人，在銀座看中了一塊土地，想要買下來改建成商業大樓，但是，這塊土地的所有人，卻是一位非常頑固的老太太。為了購買這塊土地，市村來來回回地走了好幾百趟，但都無法成功地說服老太太。因為，老太太說那是祖上留下來的產業，絕對不能出售。

但是，市村一點也不死心，只要一有空閒，幾乎天天都會前去找這個老太太溝通。有一次，在一個下著大風雪的日子裡，市村再度前去拜訪老太太，請求她出讓這塊土地，但仍然被老太太拒絕。

誰知，第二天，老太太卻意外地出現在市村的事務所，而且表情十分愉悅。市村高興地請她入座，老太太說：「市村先生，今天我原本是來做最後一次拒絕的，不過，剛剛發生了一件事情，使我臨時改變了主意。」

市村一聽，完全摸不著頭緒，正想開口問時，老太太接著說：「市村先生，那塊土地我願意讓給你。」

「啊？」市村聽了，驚訝得說不出話來。

原來，這個難纏的老太太轉了好幾次車，才找到市村的事務所，途中她曾經向許多人問路，但大數人都對她愛理不理。

當老太太身心都感到十分疲憊的時候，終於找到了市村的事務所，她一推開事務所大門，便聽到一位女職員很溫柔地說：「請進。」

而且，這個女孩不但沒嫌她髒，還脫下自己腳上的拖鞋，請老太太穿上，並親切地扶她上樓。因為這名女職員親切的態度，像是孝順的女兒對待母親一樣，使得老太太深受感動。

戰後的日本，人心冷漠，大家只顧著自掃門前雪，有愛心、能體貼別人的人已經很難得見到了。如今，卻在市區的一個小角落裡，遇到這麼好心的女孩，當然讓老太太大為感動了！

一個市村多次奔走、懇求都無法解決的難題，只因為一份小小的愛心，竟然令頑石立刻點頭了。

誠摯待人，就不爲因爲人際難題而傷腦筋，也不會因爲小人就在自己身邊而終日提心吊膽。

無私的愛心之所以能打動人，是因爲其中包函了眞心和誠心，不管是多麼鐵石心腸的人，遇上了這麼一個溫柔的愛心，想不心軟也難！

在邁向現代化的過程中，高樓大廈阻礙了人與人之間的溝通，在爾虞我詐的市場爭奪中，權謀機詐更拉開了彼此的距離，習慣了冷漠環境的我們，對於任何人也都多了道心防。

沒有人是喜歡冷淡的，如果你希望看見善意的微笑，那麼請從自己做起吧！不管對方多麼難纏，很快地，你就會贏得一個溫暖的微笑。

08

先搞清楚，再決定要不要發怒

碰到不如意的事時，你可以生氣，但必須完全了解狀況後再生氣；你也可以憤怒，但要了解憤怒對事情並沒有什麼幫助。

懂得感謝，讓你更知足

要常懷感謝的心。假使遇到對你不好的人，也要懂得心存感激，抱持著「幸好只是這樣」的心態來看待。

每個人都會有埋怨命運的時候，古希臘劇作家歐里庇得斯提醒我們：「向命運叫罵又有什麼用呢？命運是個聾子。」

命運不是機遇，而是一種選擇，因此，遭遇厄運的時候，不用呼天搶地、悲傷欲絕，這一切難道不是自己選擇的結果？

該你的，就是你的，無論好事還是壞事，只要是註定發生在你身上的事，怎麼逃避也沒有用！沒有人可以代替你遭受磨難，就像是肚子餓了，沒有人能代替你吃飽一樣。

在黑社會中，每個幫派都免不了和別的幫派結仇。

一次，某幫派老大為了怕遭到仇家尋仇，便想出了一個辦法，命令自己的小弟假裝成老大，自己則在一旁充當小弟。

坐車時，假老大也代替真的老大坐在後座裡，假裝成小弟的真老大則坐在前座開車，果然不出他所料，尋仇的殺手終於來了……

然而，那殺手卻只是把開車的人的手砍斷，並且撂下狠話說：「給我小心點！下次就不只這樣了！」

法國作家拉布呂耶爾曾經這麼說：「確信自己很聰明的人，往往就是缺少智慧，或者根本沒有智慧的人。」

是福是禍躲不過，與其費盡心思逃避禍端，不如努力廣結善緣，從現在開始努力對人家好。

並且，要常懷感謝的心。假使遇到對你不好的人，也要懂得心存感激，抱持著

「幸好只是這樣」的心態來看待。

因爲，懷抱著一顆感恩的心，會讓你更能心平氣和地面對一切。遇見好事，不至於驕矜自大、志得意滿；而當遇到有壞事發生在自己身上，對於眼前遭受的痛苦，也更能坦然面對，不會放大自己的難過，而忘了可能還有其他人比你更痛苦！

如果你肯用一顆充滿善良、感激的心去對待這個世界，這個世界也同樣會用善良的心來對待你。

先搞清楚，再決定要不要發怒

碰到不如意的事時，你可以生氣，但必須完全了解狀況後再生氣；你也可以憤怒，但要了解憤怒對事情並沒有什麼幫助。

哈佛大學列出了幾個成功的金句，第一句是：「先正確地評判自己，才有能力評斷他人。三思而後行的人，很少會做錯事情。認為整個世界都錯的人，極可能是自己錯了。」

每個人都會碰過令自己火冒三丈的事情，但是當下的反應及態度不同，就造成了每個人命運的不同。

一個男子在上班時間打電話回家，但接電話的卻是一名陌生的女人。

男子奇怪地問：「妳是誰？」

那女人回答：「我是這裡的女傭。」

「這就奇怪了，我們並沒有請女傭啊！」

「喔，是這間屋子的女主人叫我來的，我今天早上才剛到。」

「這樣啊！我是她的先生，請問她在嗎？」

「在。可是……她和一個……我以為是她先生的男人正在樓上的房間裡，我不確定我是不是應該去打擾他們。」

「什麼？妳說什麼？」男子聽了勃然大怒，對女傭說：「聽著！妳想不想賺十萬塊錢？」

「當然想啊！請問我能為你做些什麼嗎？」

「很簡單，妳現在立刻去把我書房抽屜裡的槍拿出來，然後把那兩個姦夫淫婦給殺了！」

「好，你等等。」

女傭放下電話，男子隨即聽到漸行漸遠的腳步聲，接著，是兩聲槍響。

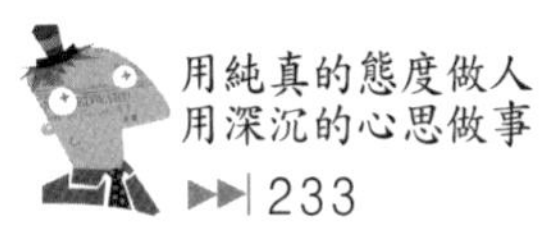

沒多久，又傳來腳步聲，女傭回來了，對著話筒說：「請問，這兩具屍體應該要怎麼處理呢？」

「嗯……妳就把他們丟到游泳池裡去吧。」男人靈機一動。

「咦？什麼游泳池？這裡並沒有游泳池啊！」女傭疑惑地問。

「怎麼可能呢？請問……這裡的電話是876-5432嗎？」

法蘭西斯．培根曾經說過：「容易發怒是一種卑賤的素質，受它擺佈的往往是生活中的弱者。」

容易發怒，往往會喪失理智，做出讓自己懊惱的錯事。

碰到不如意的事時，你可以生氣，但必須完全了解狀況後再生氣；你也可以憤怒，但要了解憤怒對事情本身並沒有什麼幫助。

因此，與其花時間和心思去咒罵別人，不如試著開解自己。當你生氣時，什麼都不要說，什麼都不要做，先讓自己的腦袋冷靜下來，說不定會發現事情根本不是你所想像的那樣。

沉且，別人惹你生氣，別人想讓你不好過，你沒有理由順著他的心意去做，就算你自己傷身又傷心，也不會對別人造成任何傷害。

既然那個討厭的人那麼討厭，那麼就把他驅逐出境就好了，你可以選擇不要去面對，根本用不著浪費時間與精神去討厭他。

自以為是，最容易發生錯誤

成見令人戴著有色眼鏡看人，也令人用扭曲的角度看世界，所以當一個人對人或事有了成見，就難以協調溝通了。

法國作家福萊曾經寫道：「一個不肯寬容別人的人，就是不給自己留餘地，因為，每一個人都有犯下過錯而需要別人寬容的時候。」

想要讓生活圓融，就要學會寬容，用寬容的心情面對事情，不能得理不饒人，一味以自己的眼光看待別人，一味以自己的主觀意識做爲行事標準。

一個小鎮的交通警察攔下一部超速的機車，而且這名肇事的男子並沒有隨身攜帶證件。

「警官，拜託你放我一馬吧！」騎機車的男人焦急地說：「我是非常不得已才超速的……」

「閉嘴！」警察打斷他的話：「我想你最好待在警局裡好好反省一下，等我們局長回來後再做處理。」

「但是，請你聽我說……」

「叫你閉嘴沒聽到嗎？跟我回警察局，等我們局長回來再說！」

幾個小時以後，警察看著剛剛做完筆錄的男人說：「小子，算你好運。我們局長今天嫁女兒，他回來時心情應該會很好。」

「那是絕對不可能的。」男人篤定地說。

「喔？為什麼？」

「因為新郎在這裡。」

人與人相處，總免不了發生一些誤會。誤會一開始可能沒什麼，但是不去理會的結果，可能會變成大誤會並進而形成災難，而且，一旦錯誤的想法在心中根深柢

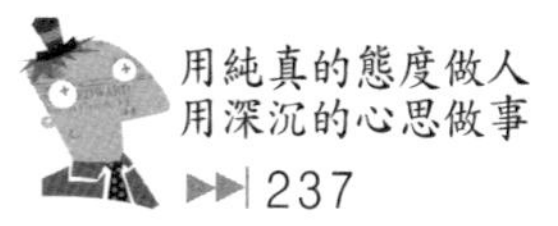

固，便會成爲深不可破的成見。

成見是很可怕的東西，它令人戴著有色眼鏡看人，也令人用扭曲的角度看世界，所以當一個人對人或事有了設限、有了成見，就難以協調溝通了，這就好像一旦杯子裝滿水了，其他水還會使人自然倒不進去；也好比溝通的路上有了柵欄，彼此的往來就受到阻礙。

偏見無知，讓人總以爲自己是對的，對方是錯的；讓人老是批評別人，不懂得反省自己，以至於一生都活在狹隘的空間中。

因此，如果想避免自己成爲這般難相處的人，那就記得在驟下判斷之前，用最冷靜客觀的心好好思索一下吧！

有時間抱怨，不如好好充實自己

與其花時間討論上司討人厭的地方，不如埋首努力工作。有機會的話，還能得到升遷的機會，當個不令人討厭的上司！

世界上沒有十全十美的人，當然也沒有十全十美的上司。

遇到不好的上司，實屬意外，也實屬無奈，但是，你在背地裡埋怨咒罵的同時，爲什麼不想想，那個人也可能會有値得你欣賞的地方，爲什麼動不動就要他去死呢？好歹他也算是一個人啊！

某公司慶祝創立五十週年的前夕，總經理對著工會的主席說：「你想個辦法，讓我們建廠五十週年的慶祝活動，可以引起社會的矚目，但是只能花一點點錢，而

且要讓每個員工都感到很高興。」

工會主席想了想，回答道：「我這裡倒是有個既不花錢，又可以上媒體，而且還可以讓每個員工都很高興的辦法，只是……只是……我怕說出來你會不太高興。」

「怎麼會呢？」總經理露出寬宏大量的笑容，鼓勵他說：「你儘管說吧！我不會介意的。」

工會主席於是大膽的提議道：「你可以在五十週年慶祝活動那天跳樓自殺，這麼一來，報紙和電視新聞都會報導，而且不必花什麼錢，公司裡的員工們肯定都會很高興！」

若是你和另一半的感情不好，你可沒辦法埋怨些什麼，因爲那是你自己選的！要是與上司的關係不好，那才是眞的倒楣，誰叫我們根本沒有權力選擇自己要什麼樣的上司！

辦公室裡，下屬與上司的關係可以說是上班族的溫度計。

關係好，溫度舒適宜人，不僅上班時間做起事來特別起勁，下班了以後還可以相約出去小酌一番。

但是，萬一關係不好，你在辦公室的時間便會猶如身陷囹圄，不僅提不起勁來幹活，而且連呼吸都不自在。

不過，與其花時間討論上司討人厭的地方，還不如暫時麻痺自己，埋首努力工作。有機會的話，還能得到升遷的機會，當個不令人討厭的上司。

這樣積極的面對方式，總比成天怨天尤人、工作卻一點成績也沒有，還來得實際一些。

心裡有鬼，就會想入非非

不要先入為主，也不要以偏概全，應該時時提醒自己把原本認為「事情就是這樣」的想法，改成「這只是我的看法」。

春秋時代的大政治家管仲曾說：「寧過於君子，而毋失於小人。」因爲，你冒犯到君子，他會感謝你的折磨；但即便你對小人再好，他逮到機會還是會反咬你一口。

做人要做君子，不做小人，要懂得近君子、遠小人，更要懂得原諒那些自以爲是的「賤人」。

一名其貌不揚的女子跟和尚同船渡河時，和尚無意間看了女子一眼，這名女子立刻藉題發揮，大發脾氣地說：「不要臉的禿頭和尚，光天化日之下竟敢偷看良家婦女！」

這個老實的和尚一聽，嚇得不知如何是好，只好趕緊把眼睛閉上，以行動證明自己的清白。

沒想到，女子見狀更加生氣了，直罵道：「好啊！你這個和尚！不單偷看我，還閉上眼睛胡思亂想！」

和尚聽了這番指控更加無奈，知道和這女人是有理也講不清的，索性把臉轉到另一邊去。

豈知，女子得理不饒人，像個潑婦似的雙手插腰，疾言厲色地說：「看吧！你覺得沒臉見我，正說明你心裡有鬼！」

女人越是長得讓人退避三舍，越會覺得男人很色，認爲每個男人都對自己有不良企圖。心裡有鬼就容易想入非非，遇到故事中那樣的「恐龍妹」，男人恐怕只有自認倒楣。

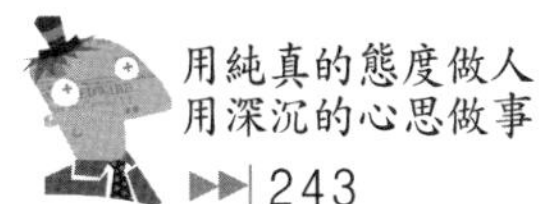

要冤枉別人很容易，但是受人冤枉的滋味卻很不好受。

既然知道這一點，我們行事做人都應該更加小心謹慎，不要先入爲主，也不要以偏概全，應該時時提醒自己把原本認爲「事情就是這樣」的想法，改成「這只是我的看法」。

抱著「與人爲善」的心態去對待所有人，我想這個世界在你眼中會變得美麗一點，然後這個世界也會因爲有你而變得更美麗！

做人實在，才能獲得誠懇對待

不要太相信自己的能耐，也不要太低估別人的智商，實實在在、誠誠懇懇地做人，別人才會實實在在、誠誠懇懇地對你。

華人最大的毛病就是愛面子，正因爲太愛面子，所以常常爲了面子，丟了裡子，甚至有時候丟了裡子，也依然得不到面子！

現代社會競爭十分激烈，想要更快出人頭地，臉皮就必須比別人厚一些！臉皮厚一點，機會就比別人多一點，與其在乎那張薄薄的臉皮，還不如厚著臉皮，積極開創自己的運氣。

據說，三國時代的蜀國名相諸葛亮是個精通奇門八術的高人，平時最擅長的就

是口技。

有一天，當諸葛亮正與劉備在帳中議事時，突然很想放屁，但又怕被劉備聽見，於是便靈機一動，對劉備說：「主公，為了緩和一下嚴肅的氣氛，我學啄木鳥的叫聲給您聽如何呢？」

劉備點點頭答應了，於是諸葛亮模仿啄木鳥叫了兩聲，也趁機爽快地放了一個屁，然後問劉備說：「怎麼樣？您看我學得像不像？」

劉備想了想，說道：「你再學一次吧，剛才你放屁的聲音太大了，我沒辦法聽清楚。」

當你在大庭廣眾之下想放屁時，該怎麼辦呢？

在一般情況下，你只能有兩種選擇：一是默默地放了，祈禱這個屁不要發出太大的聲響和臭味。二是告訴大家：「對不起，我忍不住想放屁。」然後再理直氣壯地放出來，這樣基於你已經禮貌地事先提出聲明，別人也不好意思責怪你。

除了放屁，很多事情同樣是你越想遮掩，就越難掩蓋；而且越是遮掩，反而會越描越黑、欲蓋彌彰。

因此，不要太相信自己的能耐，也不要太低估別人的智商，唯有實實在在、誠誠懇懇地做人，別人也才會實實在在、誠誠懇懇地對待你。

所以，若是忍不住想放屁，就低調地放吧！不刻意故弄玄虛，反而更能得到他人的體諒。

同理，若是不小心犯了錯，就誠實地承認吧！或許坦誠的面對自己的錯誤，更容易得到對方的原諒。

看不清對手，難免吃足苦頭

不認識某件事或某個人，這還情有可原；但若尚未認識這件事這個人就驟下評斷，就是一種無知的行為。

那些自認爲天下無敵的人，不是眞的沒有對手，只是他們通常不把對手當作對手，最後總是吃足苦頭。

想要提昇自己的競爭力，做人做事一定要講究策略和技巧，如果你太過單純，不管做什麼事情都傻乎乎地直來直往，必然會陷入各種無法預知的陷阱和圈套，使自己的人生充滿危機。

一隻冠軍狗，到處找狗打架，從來都沒有輸過。

無論純種的、混種的、國內的、國外的、大型犬、小型犬，一律都是牠的手下敗將，因此這隻狗的鬥性十分堅強，只要在路上遇到陌生的狗，就會狂吠猛叫，表現出一副不打不快的樣子。

一天，冠軍狗的主人牽著冠軍狗走在街上，看到對面有個老頭子牽著一隻很大的狗迎面而來，冠軍狗再度展露本性，惡狠狠地又是大叫又是跺腳。

一旁虛榮的主人看了，心想：「這麼大的狗，如果我的冠軍狗打贏了牠，一定很神氣……」

於是，他便前去和那隻大狗的主人商量，說道：「這位老先生，不瞞你說，我這隻狗是隻有名的冠軍狗，我看他好像很有興致想要和你的大狗較量一下，不知道你的意下如何？」

老先生打量了一下那隻所謂的冠軍犬，臉上露出了遲疑的表情，說：「我想……這……不太好吧……」

「喔，你不用擔心，如果我家的狗真要傷到你的大狗的話，我會及時制止牠的。」冠軍犬的主人仍不死心地為他的寶貝製造機會。

老先生依舊不改猶疑的口氣，婉轉拒絕：「太危險了，還是不……」

只是，他的話還沒說完，這兩隻凶狠好鬥的畜生居然就自顧自地扭打了起來，雙方糾纏成一團，任誰也無法將牠們分開。

一陣激烈的打鬥之後，出乎主人的意料之外，他的冠軍狗竟然慘遭落敗，而且滿身傷痕，模樣極其狼狽。

冠軍犬的主人從來沒遇到這種情形，不禁好奇地問：「這位老先生，我想請教一下，您的這隻狗是什麼狗啊？」

老先生很不好意思地回答：「嗯……這個嘛……牠在毛還沒有被剃掉以前，大家都叫牠『獅子』。」

法國作家尚福爾曾經諷刺地說：「這個世界上存在著許多裝備精良的傻瓜，最常見的是那些喜歡炫耀自己的傻瓜。」

喜歡炫耀的人總是高估自己的實力，貶低別人的能力，看不清對手，一味以爲自己打遍天下無敵手。

蘇格拉底說：「我一生最知道一件事情，就是我什麼都不知道。」

天地之廣大，學海之浩瀚，實在不是一般人所能了解。不認識某件事或某個人，這還情有可原，但若尚未認識這件事、這個人就驟下評斷，就是一種無知的行爲。

做人不要自卑，但必須懂得謙遜。不要妄自菲薄，更切忌有眼不識泰山。唯有如此，你才有機會親身體認天地之廣大、學海之浩瀚。

留下模糊地帶，容易讓人想歪

當你交代得不清不楚，別人自然會把你評價得不清不楚。當你讓事情有了模糊地帶，別人也就會順理成章的想歪。

我們生活的這個世界越來越強調形象包裝，每個人基於各種不同的目的，難免會說一些假話謊話。

不妙的是，當你說了一個謊，你便是爲自己挖了一個往下跳的坑，輕則鬧出尷尬的笑話，重則造成嚴重的誤解。

某位老師在學校開了一個課程，教導青少年正確的性知識。

但是生性保守的老師不好意思對老婆說實話，只敷衍地對老婆說，他在學校教的是「划船課」。

一次，教師的太太有事來到學校找丈夫，碰巧遇到一名丈夫班上的學生，兩人閒聊得非常愉快。

聊著聊著，這位學生以無比景仰的語氣對師母說：「老師的課是我最喜歡的課程之一，他的教學方式實在太棒了！真是讓我們受益匪淺，學到了不少正確的姿勢和知識。」

教師的太太感到非常驚訝，睜大了雙眼，一臉不可置信地說道：「這怎麼可能！他在這方面一點天分也沒有！我還記得第一次，他朝著我的臉吐得一塌糊塗，第二次，他光顧著玩，居然不小心把帽子給弄掉了！從那之後，我們就再也沒有過第三次了！」

是不是？不管是無心還是故意，當你把事情交代得不清不楚，別人自然也就會把你評價得不清不楚。

當你讓事情有了模糊地帶，別人也就會順理成章地想歪。

還是坦蕩蕩地做事最輕鬆，大刺刺地做人最自在。

正所謂「水至清則無魚」，如果這個世界是一個大染缸，但願你我的心靈都還能保有一池清澈自然的泉水。

眞誠是一種心靈開放的狀態，但是，大部分人的誠實都是有條件的，這種狀況就像法國哲學家拉羅什富科所說的：「我們通常見到的所謂真誠，不過是一種騙取別人信任的狡猾偽裝。」

其實，做人何必那麼辛苦，何必爲了顏面問題而說謊？只要不過分擔心別人的眼光，你就可以活得更自在。

09

遇到危機，要懂得渾水摸魚

善用幽默感不但能為自己免去責難與麻煩，也能為別人的生活添上一筆歡樂、明亮的色彩。

事事盡力，但不求樣樣勝利

我們活在一個充滿競爭的世界裡，只要出現競爭，就免不了會有比較。就算你不和別人比較，別人也會把你們拿來比較。

每個人都有自己的人生際遇。一味羨慕別人是最愚蠢的，因爲這對你的人生一點幫助也沒有。能夠珍惜自己現在已經擁有的，並且多想想自己還能貢獻什麼，這才是人生最好的際遇。

話說老王和老李兩個人，打從醫學院畢業以後，已經有十多年不曾見面。某天，他們在路上不期而遇。

老王問老李：「哎呀！好久不見了，請問你現在在哪兒高就？」

老李回答：「我現在在某大醫院工作。」

老王一聽，不由得露出了欽佩的眼光。因為能夠進到某大醫院的，一定都是千挑萬選出來的人才。就連當年第一名畢業的老王，在醫界混到現在，也都還擠不進某大醫院的門檻。

這下子，真該要多和老李攀攀交情，看看他有沒有什麼門路能把自己一塊兒拉進某大醫院！

老王於是接著問老李：「你在某大醫院，是負責哪一科的？」

「唉，各科醫不好的，都由我負責。」

「哇，」老王羨慕得眼珠子都快要掉下來了，「真是士別三日，刮目相看啊！想不到你居然成了一位能治百病的醫生。」

老李沒有答腔，只是很靦腆地笑了一笑。

第二天，老王特地來到老李工作的醫院找他一塊吃午餐。

他一走進醫院大門，遠遠就看見老李的身影，接著，他聽見一名護士大聲對老李說：「老李，你動作快一點，急診室裡還有兩個急救無效的病患，正等著你推到太平間去呢！」

古希臘哲學家安提西尼曾說：「如同鋼鐵被鐵銹腐蝕一樣，喜歡羨慕嫉妒別人的人，總是被自己的情緒消耗掉。」

人與人之間，只要有了比較之心，自然會產生羨慕與嫉妒。想要杜絕這種惱人的心態，最好的方法，就是不要跟人比較。

只是，說時容易做時難，我們活在一個充滿競爭的世界裡，而只要出現競爭，就免不了會有比較。就算你不和別人比較，別人也會把你們拿來比較。

因此，你必須在心裡建立一套自己的價値觀，不要因爲別人的眼光而懷疑自己、瞧不起自己，也不必隨著世俗的品味而起舞。

外在世界的評價如何，根本不重要，與其羨慕別人有一份好工作、好機遇，不如認認眞眞的做你自己。只要你能夠從目前的生活中得到樂趣，讓自己的內心感到滿足，這就是千金難換的美好人生！

心有旁騖，就看不清事實

人們總是相信自己以為的，只看見自己想看的，不管事情真相如何，你我心中自有一套定見。

不秤秤自己究竟有幾兩重的人，在現實生活中永遠是輸家。不學無術並不可恥，可恥的是沒知識偏偏愛裝成飽學之士。許多傻瓜都是這樣子，明明沒什麼知識常識，卻喜歡先入爲主，硬要擺譜、裝深度。人一旦有了先入爲主的偏見，就會把事情看偏，把人看扁。不信的話，看看下面這段小故事就知道了！

大文三歲的兒子在半夜十一點多突然發燒了，初為人父的大文急得不知所措，只好匆匆忙忙地出門，到附近的藥房買退燒藥。

當大文踏進藥房時，藥房老闆看到他著急的神情，還沒等他開口，就熱情地說：「有有有！我這裡有！」

說著說著，老闆就從櫃子裡掏出一盒保險套。

大文見狀，愣了一下，過了好幾秒才反應過來，向老闆解釋說：「你誤會了，我是要買體溫計……」

「喔！拜託！現在才想到要幫你馬子量體溫已經來不及了啦！」老闆一副過來人的樣子。

大文聽得一頭霧水：「你說什麼？為什麼來不及了？」

「當然來不及了啊！」老闆倚老賣老地說：「那種事是要平時做的，現在都已經事到臨頭了才來量體溫，有什麼用？」

「可是……可是他現在很燙耶！」大文急得有如熱鍋上的螞蟻。

老闆賊賊地笑了一下：「而且她還滿身大汗，對不對？」

「就是說啊，我該怎麼辦？」

「唉，都已經這個節骨眼了，吃藥比較快啦！」老闆建議。

大文聽了，恍然大悟：「對喔！我怎麼沒想到！那你有藥嗎？」

「當然有！不然我藥房開假的喔！」說完，老闆立刻轉身從櫃子裡拿出了一盒「避孕藥」。

大文接過藥，看到包裝上面的介紹，覺得好像是避孕藥，不禁以懷疑的口氣說：「這藥有用嗎？」

老闆感覺自己的專業遭到質疑，連忙拍胸脯保證：「當然有用！包你絕對生不出孩子！」

「什麼生不出孩子！孩子三年前就生了，我要的是退燒藥！」

「啊……是喔？」藥房老闆笑得好不尷尬。

印度作家泰戈爾說：「除非心靈從偏見的奴役下解脫出來，否則就不能從正確的觀點來看生活，或真正了解人性。」

世上沒有完全無知的人，有的只是一堆自以爲是的傻瓜。

人們總是相信自己以爲的，只看見自己想看的，不管事情眞相如何，你我心中自有一套定見。

因爲心有旁騖，所以我們的腦袋再也裝不下其他的東西；因爲太過於相信自己，所以無法看清事實。

到頭來，蒙蔽你的不是別人，而是自己。人只要過份看重自己，其他的事物就會相對地失去應有的份量。

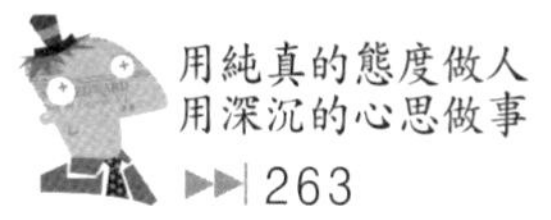

只注意表象，就看不清真象

我們在不知不覺中冤枉了別人，探究其原因無他，只因為我們實在太自恃聰明，也太容易被事情的表象所蒙蔽。

活在這個紛紛擾擾的時代，人與人之間充滿著爭執、衝突、競爭、交戰，就算你不惹人，別人也會來惹你，就算你不礙事，事情也會自動來礙你，甚至來得莫名其妙，躲都躲不掉！

遇到別人找碴，必須要學會用機智的方式反擊。

人生有很多尷尬、難堪的狀況必須面對，選擇沉默只會被認爲默認，氣急敗壞、支支吾吾也只會讓別人誤解，機智可說是人際應對不可缺少的一環。

想要發揮幽默感，必須根據自己面臨的狀況，找到正確的切入點，正如英國傳記作家斯末萊特所說的：「要根據各種狀況，仔細選擇最為可行的方法。有時候，你必須把手上的石頭丟掉，但是，有時候你又必須把石頭撿回來。」

一對夫婦到一個湖濱勝地度假，丈夫經常在破曉時分去釣魚，妻子則喜歡坐在一旁安靜地閱讀。

某天早晨，丈夫釣完魚後就先回湖邊的度假小屋休息了。妻子雖然不熟悉這個湖，但她仍然駕駛丈夫的釣魚船離開湖岸，並把船開到湖中央，在水中拋下錨，然後悠閒地坐在船上看書。

不久，一名警察開著船來了，他上了女士的船後說道：「早安，女士，請問妳在這裡做什麼呢？」

「讀書啊。」女士一邊回答一邊想著：「難道你沒有長眼睛嗎？」

「妳在限制漁獵區釣魚！」

「我絕對沒有。正如你所見，我並沒有釣魚。」

「但是妳擁有全部的設備，所以我必須帶妳去一趟警察局。」

「好啊，假如你真的那樣做，我就控告你強姦！」女士厲聲威脅他。

「喔！我真不敢相信像妳這麼一位溫文儒雅的女士竟能昧著良心說謊，妳明明知道我連你一根頭髮都沒碰。」警察抱怨地說。

「是啊，你說的沒錯。」女士回答：「但是，你擁有全部的設備。」

話說有隻雞被吃掉了，狐狸法官們審判住在雞舍隔壁的山羊說：「雞是你的鄰居，離你最近，不是你吃的還會是誰啊？」

山羊可憐兮兮地替自己辯解：「我們山羊是吃草的，怎會吃雞呢？」

狐狸聽了，一臉不屑地反問：「那隻雞那麼香、那麼嫩，誰會相信你看著牠會不想吃牠啊！」

狐狸陪審團聽了都深有同感，因此牠們一致認為是山羊幹的，於是倒楣又無辜的山羊就這麼被推出去斬了！

也許你會認爲以上的小故事太愚蠢，但仔細想想，我們日常生活中不也常用自己的觀念去判斷別人的行爲嗎？

沒有人喜歡被人冤枉，但是我們卻常常在不知不覺中冤枉了別人，探究其原因無他，只因爲我們實在太自恃聰明，也太容易被事情的表象所蒙蔽。所以，若想避免這種情況，我們就得拋開預設的立場，從他人的角度設身處地地思考對方的行爲，如此才能明瞭眞正的動機，也才能避免傷害對方。

疏於提防，小心吃虧上當

我們的心裡都該有一點用來保護自己的心機，否則到最後吃虧上當的人，很可能還是我們自己。

單純的人固然最受歡迎，但也最容易被騙。如果你不想成為別人算計的對象，那麼，除了必須擁有好人的純眞之外，更須具備小人的深沉。

在心機深重的權謀者腦中，安排的計謀常是一步接一步，就如同下棋一般，在他走到最後的幾步棋之前，其他人根本難以預料他眞正的企圖。

因此，面對這種滿腹心機的人的時候，我們不能從他所說的話來評估他，甚至也不能從他一時的行爲來衡量他，因爲，這樣做的後果，往往都會得到錯誤的結論，做出錯誤的判斷。

中國春秋時代，鄭武公決心攻佔慢慢強大的胡國。

這個計劃他已經密謀了很久，為了迷惑胡國，他還故意把女兒嫁給胡國國君，降低對方的心防。

有一日，鄭武公徵詢眾大臣的意見：「我們現在應該征討哪個國家？」

一位大臣回答：「最好的目標是胡國。」

這其實和鄭武公心裡所想的是一樣的，但是他卻表現出震怒的樣子，斥責說：「你居然提議我去攻打我們的兄弟之邦？」

這名大臣因為這番話，莫名其妙被殺頭。

這名大臣是鄭武公最寵信的大臣之一，胡國國君聽到了這個消息，立刻就放鬆了對鄭國的戒心。

沒多久，鄭國軍隊趁虛而入，佔領了胡國。

鄭武公爲了隱瞞眞正的想法，而將自己寵信的大臣殺害，只因爲這名大臣將他

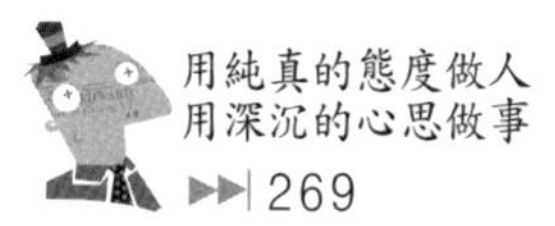

心中眞正的企圖說了出來。

「口是心非」到這個程度，眞令人咋舌！

史上不乏像鄭武公這樣的權謀者，他們能爲了實現自己的計謀不擇手段，也能爲了掩飾自己的計劃殺人滅口；即使是到了現代，那些大奸大惡之徒仍然不時以「好人」的面貌出現，擅長嘴上說一套、心裡想的是另一套。

他們善於演戲，對人性也有相當的了解；這些人可能披上的是政客、醫生、律師、代表……等等乍看之下光鮮亮麗的外衣與職稱，讓我們疏於提防。

害人之心不可有，防人之心不可無。對於這樣的人，我們的心裡都該有一點用來保護自己的心機，不能過於單純、掉以輕心，應該用精明的眼光，以長久的觀察來衡量他們，而不是只聽他們的一句話、只看他們一個行動，便妄下定論，否則到最後吃虧的人，很可能還是我們自己。

遇到危機，要懂得渾水摸魚

善用幽默感不但能為自己免去責難與麻煩，也能為別人的生活添上一筆歡樂、明亮的色彩。

想要提昇自己的競爭力，做人做事不一定要八面玲瓏，但是，一定要講究策略和技巧，言行上的機智不只可以替自己解圍，同時也可以反將對方一軍。多花點心思，往往會讓自己找到更寬闊的出路。要是只會死守教條，腦袋不懂得轉彎，永遠只會讓別人騎在自己頭上。

某大學的通識科目總共有近百名學生一起上課，而這堂課的教授為了維護教學品質，要求所有的學生在上課鐘響之前就把報告交到講桌上，並且一再聲明，只要上課鐘響了再交就算遲交，將影響學生的整體成績。

某天，正當課上到一半，教授在講台上眉飛色舞地授課時，一名學生突然破門而入，並順手將剛趕出來的報告放到講桌上。

就在他正準備轉身找個位置坐下時，教授開口說話了：「這位同學，你遲到就算了，居然還敢打斷我講課！而且這份報告在半小時前就已經算是遲交了，你也不打聽一下我是誰，連我的課都敢混，以你這種學習態度想要及格，簡直是做夢！」

這名學生被教授嚴厲的態度嚇到了，吞吞吐吐地說：「嗯……那麼老師，你知道我是誰嗎？」

教授沒想到學生會問這麼一個怪問題，愣了一下才說：「一班的學生將近一百多人，我又不只教一班，怎麼會知道你是誰呢？」

這名被罵得狗血淋頭的學生一聽到這句話，不禁鬆了一口氣，立刻把他的報告往那一疊厚厚的作業堆中一塞，便飛也似地跑出教室，留下目瞪口呆的教授愣在講台上。

如果你能運用幽默機智，適時渾水摸魚來解決危機，那麼你自然明白，適時的縮小自己其實是尊重別人，同時也是保護自己。

幽默機智是一種最高明的智慧，不需居功、不去吹捧，人們也能看見你的光芒。幽默機智也是一種最安全的色彩，用誇大、張揚的方式讓人會心一笑，人們也才有理由笑著原諒你。

每個人的內心或多或少都存有一些幽默感，善用這種智慧不但能爲自己免去責難與麻煩，也能爲別人的生活添上一筆歡樂、明亮的色彩。

有點心機，比較容易出人頭地

在充滿競爭的社會中，除了能力要比別人強，更要比別人懂得智謀的運用和機會的把握。

文藝復興時期的大藝術家達文西說：「鐵不用就會生鏽，水不流就會發臭，人的智慧不用就會枯萎。」

確實如此，唯有懂得運用智慧的人，才可能激發高明的創意，爲自己創造出無可比擬的競爭力。

活在這個「靠銀行，銀行會倒；靠政府，政府會跳票」的年代，想要出人頭地，就必須具備一些做人做事應有的心機，別再傻乎乎地混日子。因爲，裝傻只會讓你越來越傻，擺爛只會讓你越來越爛！

日本松下公司準備從新聘的三名員工中，選出一位來從事市場行銷企劃工作。人事主管計劃於是讓他們來個職前「魔鬼訓練」，並從中挑選出最適合的人選。這三個人被送到廣島去生活一天，每個人身上只有一天二千日元的生活費用，最後誰剩下來的錢最多，誰就是優勝者。

生活費已經夠少了，還要有錢能剩下，實在是件困難的事。

一罐烏龍茶的價格是三百元，一瓶可樂的價格是二百元，而且最便宜的旅館一夜也要二千元。也就是說，他們手裡的錢剛好能在旅館裡住一夜，但是這麼一來，他們一天的錢也就沒有了。所以，他們要不就別睡覺，要不然就不吃飯，除非他們能在天黑之前，讓這些錢生出更多的錢。但是前提是，他們必須單獨生活，三個人不能相互合作，更不能幫人打工。

於是，三個人便開始各憑本事了。

第一位先生非常聰明，他用五百元買了一副墨鏡，用剩下的錢買了一把二手吉他，來到廣島最繁華的新幹線售票大廳外，扮起「盲人賣藝」來。半天下來，大琴盒裡已經裝了滿滿的鈔票了。

第二位先生也非常聰明，他花五百元做了一個大箱子，也放在繁華的廣場上，箱子上寫著：「將核子武器趕出地球，紀念廣島災難四十周年，為加快廣島建設大募捐」。然後，他用剩下的錢僱了兩個中學生，並在現場宣傳講演，不到中午，箱子也裝滿了一整箱的捐款了。

至於第三位先生，看起來好像是沒什麼頭腦的傢伙，也許他真的累了，所以他做的第一件事，就是找個小餐館，點了一杯清酒、一份生魚、一碗飯，好好地吃了一頓，一下子就花掉了一千五百元。接著，他找了一輛廢棄的汽車，在那裡好好地睡了一覺。

一天下來，第一位和第二位先生都對自己的聰明和不菲的收入暗自竊喜。可是，到了傍晚時，兩個人卻同時面臨了意料之外的厄運。

一名佩戴胸章和袖標、腰間配帶手槍的稽查人員出現在廣場上，他摘掉了「盲人」的眼鏡，摔爛了「盲人」的吉他，也撕破了募捐的箱子，在沒收了他們全部的「財產」後，還沒收了他們的身份證，揚言要以欺詐罪起訴他們。

就這樣，一天結束了，當第一位先生和第二位先生設法借到路費，狼狽不堪地返回松下公司時，已經比規定時間晚了一天了，而且更尷尬的是，那個「稽查人員」已經在公司恭候多時了！

原來，他就是那個在餐館裡吃飯，在汽車裡睡覺的第三個先生。他的投資，是用一百五十元做一個袖標、一枚胸章，花三百五十元，向拾荒老人買了一把舊玩具手槍，和化裝用的絡腮鬍子。

這時，公司的國際市場經銷部課長走了出來，對著站在那裡發呆的「盲人」和「募捐人」說：「企業要生存發展，想獲得豐厚的利潤，不僅要知道如何攻入市場，更重要的是，要懂得如何攻下敵方的整個市場。」

人性作家凱特曾經提醒我們：「做人要聰明到懂得見風轉舵，做事精明到懂得過河拆橋。」

地球已經變平了，競爭者正虎視眈眈想搶走你的機會。想要比別人成功，光是靠認眞和努力是不夠的，有時候在做人方面必須多一點心機，在做事方面必須多一些手腕，才能讓自己在這個充滿變數的社會中出人頭地。

小人為了陷害別人或是爭奪利益，往往會想盡各種辦法，並且變換各種身分，然後在關鍵時刻，誘使對方墜入他們設好的圈套。

現實社會就是這樣，戲法人人會變，巧妙各自不同。在充滿競爭的社會中，除了能力要比別人強，更要比別人懂得智謀的運用和機會的把握。

也許，遭遇到層層阻礙和打擊之時，有人會質疑社會的現實、不公，但是，與其質問別人的投機，不如學習第三位先生的機智。

人的智慧和創意是沒有極限的，當大家都用相同的手段和方法時，只要你能比別人多動腦一分鐘，你就能把別人的機會搶過來，甚至還能為自己創造另一個獨一無二的機會。

固執的人最常幹蠢事

腦筋死板，生活空間自然狹隘。當我們把生命浪費在那些無謂的堅持與固執時，美好的風光早已與你我擦身而過。

人活在這個世上，最欠缺也最該學習的就是應變能力。堅持一個習慣、一樣東西、一項理念，或許可以使人沒有遺憾，但也可以讓人失去更多。

老李行車經過高速公路時，車子突然拋錨了，只好呆坐在車上，癡癡地等待拖車公司前來救援。

不一會兒，他看見旁邊開過來一輛車，在距離他不遠的地方停了下來。車上下來了一個人，在路邊的土堆裡挖了一個坑，接著便回到車裡。

幾分鐘以後，車上下來了另一個人，又動手把剛才挖好的坑填平了。

老李感到非常好奇，視線忍不住跟著那輛車子移動。他看見那輛車向前走了一小段距離後，同樣的那個人又下來挖了個坑，沒多久，同樣的另一個人又再度下車把坑填上。

就這樣，車子每走一小段路，就重複一次挖坑、休息、填坑、挖坑、休息、填坑……老李看得一頭霧水，最後不禁上前問道：「喂，老兄，你們究竟在做什麼？」

「啊……你看不出來嗎？我們在種樹啊！」兩名工人異口同聲地回答：「我們本來有三個人，一同進行一項綠化高速公路的工程，今天負責栽樹的那個人不巧生病了！」

很多時候，我們也像這兩名栽樹的工人一樣，一心一意只想完成眼前的任務，卻忘了任務背後的眞正目的；滿腦子只想著自己要做什麼，卻沒有發現周遭的環境已在不知不覺中改變。

結果就像那兩名工人一樣，日復一日白費力氣，到頭來不僅一事無成，還惹來別人訕笑，這是多麼的可悲，又是多麼的可憐啊！

一個人的腦筋死板，生活空間自然狹隘。有時候，我們爲了堅持而堅持，爲了固執而固執，完全沒有想到，當我們把生命浪費在那些無謂的堅持與固執時，美好的風光早已翩然遠去，與你我擦身而過。

用自己的邏輯勇敢做自己

瘋子根本不稀罕那道牆保護，他們想做什麼就做，想說什麼就說，不在意他人的眼光，也不需要其他人認同。

每個人都可以是瘋子，每個人也都可以不是瘋子。瘋子從來不覺得自己是瘋子，但發作之後，卻會讓那些自認不是瘋子的人覺得自己快要瘋了。

精神病患者常常會對醫生或護士產生愛意，這天就有一位女患者向一位醫生走去，大剌剌地問：「黃醫生，你愛我嗎？」

為了不刺激病人，黃醫生想了許久才婉轉地回答：「我們只是……只是醫生和病人的關係，所以……」

女病患焦急地問：「你的意思，是說你不愛我？」

黃醫生支支吾吾地回答：「嗯……嗯……」

女患者聽了這話鬆了一口氣，說道：「還好，我愛的是楊醫生，我真怕拒絕你，會傷害了你的自尊……」

夜晚，一名瘋子持續和護士爭辯自己有沒有瘋，搞得院裡雞犬不寧。

護士被他搞得快抓狂了，只好請值班醫生前來處理。為了測試他的精神狀況，值班醫生正經八百地拿來了一個手電筒，往漆黑的夜空探照，然後對病人說：「你看見了手電筒所發出的光柱嗎？如果你不是瘋子，就請你沿著手電筒的光柱爬到天上去吧。」

瘋子聽了這個荒謬的提議，更加氣憤了，發狂似地對著醫生吼道：「我不是瘋子，也別把我當笨蛋！虧你身為醫師，居然要我做這麼白癡的舉動，連一點醫德都沒有！你想想，如果我爬到一半時你把手電筒關掉，我不是就要掉下來摔死了嗎？」

雖說瘋子背負著社會上太多鄙視和同情的眼光，但事實上，他們有自己的思考邏輯，往往過得比正常人還要快樂。

因爲正常人習慣用一道牆保護自己或者規範自己，不敢用眞面目見人，只能偶爾探出頭來讓自己透透氣。

但是，瘋子根本不稀罕那道牆保護，他們想做什麼就做，想說什麼就說，不在意他人的眼光，也不需要其他人認同。

從這個角度來說，所謂的瘋子，比一般人更有勇氣也更有福氣「做自己」。他們從來不需要去思考「自我」在哪裡，因爲他們早已面對自我，表現自我，並且忠於自我。

治標只會讓事情越來越糟

要想順利地解決問題，就一定要釜底抽薪，才能達到治本的功效，否則光是治標不治本，只是變相地讓問題更加嚴重。

任何問題的答案，都在問題之內。因此，想要解決問題，就必須先找出眞正的問題。要是沒有找出眞正的問題就急病亂求醫，不但不能眞正解決問題，有時還會使情況變得更糟糕。

小陳最近老是頭痛，於是跑去向醫生求診，醫生仔細檢查後說：「你的毛病源自於下面在做怪，只要切掉它，問題就解決了。」

「這怎麼行，它可是我的寶貝啊！」小陳連忙拒絕醫生的意見。

醫生說：「沒關係，你可以回去考慮看看。」

幾天以後，小陳實在覺得頭痛得受不了，簡直到了生不如死的地步，只好回去找醫生，動手術把那話兒切掉。

手術之後，雖然頭痛消失了，但因為少了樣東西，小陳的心情十分低落，只好到百貨公司購物發洩，逛著逛著，不知不覺來到男士內衣部。

他望著眼前各式各樣、琳瑯滿目的內褲，心想反正都已經失去那樣重要的東西了，總要買一件漂亮的內褲來「包裝」一下自己吧！於是，小陳選了一款自己喜愛的花色，對售貨員說：「麻煩幫我拿M號的。」

售貨員露出了疑惑的眼神說：「先生，以我的經驗，您的身材應該要穿L號的才對啊。」

「可是我記得我每次都是買M號的內褲啊！」小陳的口氣十分肯定。

但是，售貨員用更加堅定的語氣說：「那絕對不可能，如果您穿M號的內褲，一定會覺得非常非常緊，緊到頭痛得要死掉。」

很多人在面對棘手的麻煩時，總一心只想著讓它「不痛」，卻沒有想過要怎樣才能完全剷除病因。這就像一個患有過敏症的病人，只想著要讓皮膚不痛不癢，卻不肯花心力去找出造成過敏的原因，結果當然只能暫時緩解病症，卻不能從根本改善問題。

同理，要想順利地解決問題，就一定要先追溯到問題的根源，唯有釜底抽薪，才能達到治本的功效，否則光是治標不治本，只是變相地讓問題更加嚴重而已。

不要只是把痛的地方切除就算了，因爲你可能一不小心，把原來好的地方也一併除掉了。只有眞正解病因，才能對症下藥，不然若總是頭痛醫腳、腳痛醫頭，恐怕只會越醫越糟糕而已了。

10

用另類的方式 改變對方的態度

溝通，並不是一味強迫對方接受自己的想法，也不是一味屈躬卑膝試圖改變對方自以為是的態度，而是以恰當的方式找出彼此的折衷點。

不要活在自以為是的框框

勝海舟曾說：「乘勢而起、虛名滿天的人，一旦時過境遷便不值一提。」一時的春風得意，又有什麼好驕傲的呢？

莎士比亞曾經寫道：「聰明人變成了癡愚，是一條最容易上鉤的游魚，因為他憑恃才高學廣，看不見自己的狂妄。」

眞正聰明的人必然懂得尊重別人，因爲他們十分清楚，要是不尊重別人感受與立場，不管擁有如何高深的學識，最終只會引起別人討厭與嫌惡。

三人行必有我師，學歷高的人不一定比學歷低的人能力好，也不是年紀大的人，就一定比年紀輕的人更聰明能幹，更有辨別能力。

人應該要有相互學習的雅量，而不是侷限在自以爲是的小框框裡。

英國戲劇家蕭伯納在造訪蘇聯時，曾遇到一位很可愛的小女孩，蕭伯納非常喜歡這個小女孩，還和她玩了許久。

臨別時，蕭伯納對小女孩說：「回去後記得告訴妳媽咪，就說今天你和世界上很有名氣的蕭伯納玩了一天！」

說完，蕭伯納心裡得意地想，當小女孩知道自己是和一位名人玩耍之時，一定會驚喜萬分。

「您就是蕭伯納伯伯？」

「怎麼，難道我不像嗎？」

「是啊，可是我不懂，為什麼要告訴媽媽呢？那麼請您回去之後，也記得要告訴您的媽媽，就說今天有一位蘇聯的小女孩和你玩耍喔！」

蕭伯納聽了，驚訝得說不出話來，也立刻意識到自己太自以為是了。

蕭伯納深有所感地說：「不論你有多大的成就，都絕不能驕傲、自誇，因為每個人都應該平等相待，更要懂得謙虛和自重。那天，小女孩為我上了一堂寶貴的課程，所以她也是我的老師，一輩子我都不會忘！」

人一旦有了些微成就、地位、名氣，往往就會驕傲、自大、自以為是，而且言行中流露出「小人得志」的惡習。

日本明治維新的元勳勝海舟曾說：「乘勢而起、虛名滿天的人，一旦時過境遷便不值一提。」

一時的春風得意，又有什麼好驕傲的呢？

沒有一個人的生活會和你完全一樣，因為彼此存在著差異，所以在思想、態度、和處事方法中，也都會有所不同。

如果能交換彼此不同的學習心得，不侷限自己，讓生活處處都有學習的機會，那麼你才不會囚在自己的世界裡，找不到自己的天空。

適時退讓可以抑制對方的鋒芒

以自嘲的方式，讓自己從尷尬中站起來，或是以卑微的態度，減少對手的敵意，這些都是「以退為進」最常用的成功方法。

作家愛默生曾經寫道：「社交場上的交際高手，通常不會直截了當說出反駁別人的字眼，而是含蓄地表達其意思。」

當眾受到別人羞辱是件非常難堪的事，但是，就算你氣得七竅生煙，也不一定能擊退對方。

這時，不妨以不同的方式解決，不用聲調高亢地加以辯駁，也不用尖酸刻薄地反唇相譏，而是適時利用退讓使自己前進，以包容的讚賞讓對手失去鋒芒，使對方不戰而敗，知難而退。

大文豪蕭伯納的新作《武裝與人》，首次公演便獲得了熱烈的回響。

當觀眾在劇終要求蕭伯納上台，接受大家的祝賀時，卻突然聽見一個人對著他大喊：「蕭伯納，你的劇本糟透了，誰要看？回去吧！停演吧！」

所有觀眾都大吃一驚，許多人猜想，蕭伯納這時肯定會氣得渾身發抖，或許也會有所反駁。

但是，蕭伯納非但沒有生氣，還笑容滿面地朝向那個人，深深地一鞠躬，非常有禮貌地說：「我的朋友，你說得很好，我完全同意你的意見。但遺憾的是，我們只有兩個人，實在很難抵抗這麼多的觀眾吧？就算我和你意見相同，也無法禁止這場表演，不是嗎？」

蕭伯納說完這幾句話後，立即引來了全場如雷的掌聲；至於那位故意挑釁的傢伙，就在觀眾的掌聲中，偷偷地溜走了。

失意與挫折是每個人都沒有辦法逃避的人生考驗，如何用幽默樂觀的心態面對，

無疑是相當重要的。

當現實環境不如預期，不妨發揮幽默感，許多苦惱都會雲淡風輕。以退爲進，是待人處事的高超技巧。

有時候，我們會看見別人以自嘲的方式，讓自己從尷尬中站起來，或是反其道而行，以卑微的態度，減少對手的敵意，並讓自己有機會再次伸展，這些都是「以退爲進」最常用的成功方法。

「以退爲進」的道理很簡單，方法也很容易，只要你肯適退讓一步，你就能換得前進一步的機會。

惡言相向，不如運用反諷的力量

與其惡言相向，不如運用幽默來反諷，反而更能直指人心，讓對方得到啟發和教訓。

美國作家雷普利爾曾經這麼說：「幽默能帶來悟力和寬容，冷嘲則帶來深刻卻不友善的理解。」

大家都明白，日常生活中應該儘量用幽默來化解人際之間的摩擦，不過，幽默其實只適用於某些有涵養的人，至於那些高傲自大的小人，恐怕只配接受別人的冷嘲熱諷。

有一次，生物學家格瓦列夫在講課時，有個學生突然在台下學雞叫，並且引來了全班同學的大笑。

這時，格瓦列夫鎮定地看了看掛錶，說：「咦，是我的錶壞了吧！沒想到現在是凌晨時分哩！不過，無論如何，我很確信一件事，公雞報曉是一種低能動物的本能。」

格瓦列夫的這幾句話，當場讓這個惡作劇的學生無地自容。

據說，俄國詩人普希金年輕時，曾在彼得堡參加一個公爵的家庭舞會。當他邀請一位小姐一起跳舞時，這位小姐卻極其傲慢地說：「我才不和小孩子跳舞呢！」

普希金雖然遭到莫名的奚落，但他並未發怒，反而笑著說：「對不起！親愛的小姐，我不知道您肚子裡懷了孩子。」

普希金說完後便離開了，只留下那位紅了臉的小姐，無言以對。

人只要具備從容處世的能力，就能輕鬆面對窘境，像格瓦列夫和普希金一樣戰勝身邊那些討厭的傢伙。

生活中的任何窘迫情況，我們都有可能碰到，不管是令人尷尬還是令人生氣的情況，與其惡言相向，不如運用幽默來反諷，反而更能直指人心，讓對方得到啓發和教訓。

不管事情發生得合理與否，我們都要學會巧妙地化解。

也許用個小技巧，也許用我們學來的知識與智慧，巧妙地加以回敬，有時候反而更能達到自己的目的。

廣交朋友不如減少敵人

如果你交了許多朋友，同時也製造了許多敵人，那麼建議你，把交朋友的心思，分一些在如何避免與人為敵的思考上吧！

中國有句諺語說：「路不要走絕，話不要說死。」

的確，在社會上行走，多給自己留轉寰的空間，千萬動輒樹立敵人。萬一遇到一時難以解決的問題或是糾紛，不妨平心靜氣地化解。只有建立和諧的人際關係，才能厚植自己的實力。

一七五四年，喬治．華盛頓上校率領著部屬駐防在亞歷山大市。

此時，正值維吉尼亞州進行議員選舉，華盛頓也投入選舉活動，支持某位候選人。但是，當地有個名叫威廉．培恩的意見領袖，卻非常不以為然，極力反對華盛頓支持這位候選人。

有一次，華盛頓就選舉問題，與培恩展開了一場激烈的爭論，激辯中竟出現了一些極不入耳的髒話，培恩聽了火冒三丈，一拳揮過去便把華盛頓擊倒在地。正當聞訊趕來的士兵，氣憤地要為長官報仇時，華盛頓卻阻止他們，並命令他們安靜地回營地去。

翌日，華盛頓託人帶口信給培恩，邀請他到當地的一家酒店會面。

培恩緊張地來到酒店，猜想這個約會不懷好意，恐怕會是一場惡鬥。但出乎意料之外的，迎接他的卻是一雙友善的手。

一進門，華盛頓就立刻站起來，笑容可掬地張開雙手歡迎他，並誠摯地說：「培恩先生，每個人都免不了犯錯，肯誠心認錯的人，才是真正的英雄。昨天確實是我不對，你也已經採取行動挽回面子，如果你覺得那樣已經足夠了，現在請握住我的手，讓我們來做個朋友吧！」

這場風波就這樣平息了，而華盛頓從此也多了一個擁護者，那個人就是威廉．

培恩。

阿拉伯有句諺語說：「越是面對對不起你的人，越是要寬大為懷。」

「多交一個朋友，不如少一個敵人」，一定有人覺得這句話很矛盾，但是，這卻是爲人處世的精闢之言。

如果你交了許多朋友，同時也製造了許多敵人，那麼建議你，把交朋友的心思，分一些在如何避免與人爲敵的思考上吧！

只要少了個敵人，就等於多一個朋友，畢竟，想化解彼此之間的仇恨，需要足夠的耐心和誠意。

一如華盛頓的處理方法，如果你以爲他只是多了一個擁護者，那你就錯了，因爲他所贏得的榮耀與崇拜，絕對在你我想像之外。

誇大其詞可以使小人原形畢露

只要你肯花心思，活用一些技巧，就不會因為受制於這些小人而大傷腦筋。

法國文豪雨果在他的著作《鐵面人》中，曾經這麼譏諷地寫道：「天底下最可憐的笨蛋，是那些從來不懷疑別人可能言行不一，而對別人所說的話一味地信以為真的人。」

實話實說固然是一種美德，但是，當你急於摸清一個人的真實樣貌，或是一件事情的眞相，單刀直入不一定有效。

這時，你就必須懂得「誇大其詞」。

法國的寓言故事作家兼詩人拉封丹，非常喜歡吃馬鈴薯。

有一天，僕人為他端來了一個剛出爐的馬鈴薯，拉封丹卻嫌馬鈴薯太燙，於是把它先放在飯廳的壁爐上待涼，便起身去辦別的事情了。

可是，等拉封丹回來時，馬鈴薯卻不見了，他想起僕人好像曾經去過飯廳，便猜想，一定是僕人把它吃了。

於是，他大聲地呼喊：「喔！我的天！是誰吃了我的馬鈴薯？」

「不是我。」那個僕人回答說。

「那我就放心了。」拉封丹裝出一副放心的模樣，鬆了一口氣。

「為什麼這麼說？」僕人不解地問。

「因為，我剛在馬鈴薯上加了毒藥啊！」

「不是真的吧？我的天！你在上頭加了毒藥……那我不就中毒了！」僕人聽到後十分地驚慌。

拉封丹知道偷吃的人是誰了之後，便笑著說：「放心吧！我騙你的啦！不這麼講，我怎麼有辦法知道事情的真相呢？」

深諳心理作戰的人，總是能夠適時運用謀略，抓住人性的弱點發動攻勢，因此，不用大費周章就能輕而易舉地取勝。

人爲了掩飾自己的錯誤，或是基於保護自己的心理，常常不由自主的編造一些謊言掩飾眞相，這時就得「引蛇出洞」。

想引蛇出洞，有時得「危言聳聽」，攻破人心的弱點，這是寓言詩人拉封丹對付狡詐小人的絕妙技巧。

日常生活也是如此，對於那些貌似忠厚的小人，有時候只要略施小技，也能使他們原形畢露。

甚至一個轉念和方法的改變，都能讓事情的另一個面貌眞實呈現，只要你肯花心思，活用一些技巧，就不會因爲受制於這些小人而大傷腦筋。

用另類的方式改變對方的態度

溝通，並不是一味強迫對方接受自己的想法，也不是一味屈躬卑膝試圖改變對方自以為是的態度，而是以恰當的方式找出彼此的折衷點。

勵志大師麥斯威爾曾經寫道：「當你面對困境，不能逃避或繞開它們，而是必須面對它，同它打交道。」

這番話用在人際關係上，有時也會產生意想不到的效果。

面對那些自以爲是、自恃甚高的人，有時一味表現出謙遜的態度，只會使自己一再受到羞辱。當你忍無可忍的時候，不妨和對方進行一場「另類的溝通方式」，如此才能改變對方的態度。

羅斯福在四十二歲時就當上了總統，而且是美國歷史上最年輕的總統。由於他是第三十二任總統富蘭克林．羅斯福的堂叔，所以人們通常尊稱他為「老羅斯福總統」。

老羅斯福在他二十三歲時，就意氣風發地當上了紐約州議會的議員，當時有許多人都鄙夷地認為他是個不學無術的貴公子，只不過是靠著身家背景才冒出頭。某天傍晚，他散步來到一家酒吧，正準備喝杯啤酒時，正巧看見一個名叫約翰．科斯特洛的資深議員，正和他的兩個老朋友喝酒。

當科斯特洛看見老羅斯福走進酒吧，便譏笑他說：「喂！乳臭未乾的小鬼，你沒得感冒吧？」但是，羅斯福並不理會他的嘲弄，於是科斯特洛繼續高聲叫道：「你這個該死的貴公子！」

羅斯福聽到這句話後，便把眼鏡拿了下來，慢慢地走到科斯特格的面前，二話不說，一拳就把科斯特洛打倒在地，就在眾人訝異之際，羅斯福接著又是一拳，把科斯特洛的朋友也打倒在地。

另一個人看到這個情況後，只好馬上拔腿就逃。這時，羅斯福轉身對站起身子的科斯特洛說：「你去洗把臉吧！洗完後再和我一起喝酒。」

科斯特洛只好乖乖地照辦，羅斯福在離開前對他說了一句話：「聽好，你在有身份的人面前，也要表現得像個有身份的人！」

所謂的溝通，並不是一味強迫對方接受自己的想法，也不是一味屈躬卑膝試圖改變對方自以爲是的態度，而是以恰當的方式找出彼此的折衷點，如此才不會被人看扁了。

也許羅斯福動手打人，不免讓人覺得沒有風度，也讓人感到吃驚，但是，之後的說理，卻表現出他思考的條理和有勇有謀的智慧。因爲，他打人並不是一時年少氣盛的反撲，而是一種爲自己爭取尊重的溝通方式。

在這個欺善怕惡的社會中，往往這樣迅速果斷的行動表現，才能爲自己爭取到應有的肯定與尊重。

情緒會洩露一個人的底細

在這個偽詐多變的社會中，你不僅要學會控制自己的情緒，也要看得懂別人的情緒和脾氣。

作家米爾頓曾經說：「人和天使都不善於識別偽善，因為，偽善是包裝精美的罪惡，有時候，連上帝也會上它的當。」

然而，不論如何偽裝，情緒還是會洩漏一個人的底細。

有的人喜歡妝點自己，平日一副道貌岸然的模樣，說起話來頭頭是道，儼然是博學多聞的紳士。但是，這樣的人只要一被激怒，就會自動現形，讓別人看清他們原來的德性。

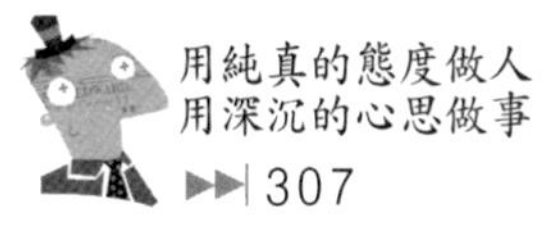

日本某家電視台，找了一百位議員來上節目，節目中由主持人發問，然後再聽取這些議員的意見。

由於節目是現場直播，而且每位議員都被分隔開來，因此並不會看到彼此回答的情況。不久，主持人開始提出詢問，每一個問題都非常嚴苛，並且直涉核心。剛開始時，這些議員們都回應得不錯，但是，在主持人猛烈且毫不客氣的質問下，慢慢地有些人開始回答得亂七八糟。

這讓許多人，甚至是主持人，都對他們產生了藐視的心態。接著，主持更提出了一個敏感的問題，這時有個議員發怒了，生氣地對主持人說：「別開玩笑了，我不會再回答你的任何問題。」

說完後，這個議員便氣憤地離開了，不過攝影機仍一路跟拍，還將他離開會場的情況也拍攝下來。

其實，這個節目早已設計好了陷阱，目的就是要讓對方陷入圈套。

因為，議員們平時在議會或記者會，只會說些冠冕堂皇而公式化的見解，很難聽到他們的真心話，所以，為了讓議員們能說出心裡真正想說的話，節目的製作團隊想出了許多點子和問題，更企圖以刻薄的問題來引爆他們的脾氣。

而這個方法也真的奏效了，這群在議會上對答如流的議員，不只說出了平日所不會回答的問題，也真實地表現出他們的脾氣和做事的態度。

法國哲學家尙福爾曾經說過：「在重大事件中，人們所展現的是自己最完美的一面，只有在瑣事中，他們才會暴露出本來的面貌。」

修養不夠或是能力不夠的人，其實一探便知，他們只要被別人激怒，就會原形畢露，而且往往不知道如何控制自己的情緒，是非常容易攻破心防的對手。

做人要聰明，做事要精明，在這個僞詐多變的社會中，你不僅要學會控制自己的情緒，也要看得懂別人的情緒和脾氣；能夠知己知彼，你才不會受制於人，反而能將對手操控於手掌之中。

沉住脾氣，才能輕鬆解決問題

沉住脾氣，把問題反覆思考後，再一針見血地指出來，有建設性的提出意見，你才能真正的把問題輕鬆解決。

「裝腔作勢」並非是投機取的小人才會耍的心機，有時候你我耳熟能詳的成功人士，也都曾經在關鍵時刻做出這種舉動。

「裝腔作勢」並不一定是件壞事，有時候它只是一種情緒的偽裝，幫助自己沉住脾氣，冷靜解決問題。

伊利諾州參議員梅迪爾．麥考密克的夫人相當活躍、難纏，經常代夫出征，四處進行遊說。她曾經動員芝加哥的波蘭人，到總統府去訪問，目的是讓聯邦政府對一名波蘭裔的芝加哥人，能獲得公正的司法判決。

當團員被帶進總統辦公室時，柯立芝總統仍十分嚴肅地坐在椅子上，很專注地看著一條地毯。

過了很久，柯立芝總統才抬起頭說：「這地毯真不錯！」這群來造訪的人都禁不住笑了，他們帶著驚奇，附和地點點頭，這時，柯立芝總統又說：「這是一條新的地毯，花了不少錢呢！」

這時的辦公室，沉重的氣氛已經解除了，於是，柯立芝總統說道：「這條新的比那條舊的耐用，你們放心好了，我會幫你們找個好法官的。」

原本一場充滿火藥味的拜會行程，就在輕鬆的氣氛中結束了。

總統接待施壓團體，原來是件很嚴肅的政治活動，沒有處理好，肯定會形成僵局。但柯立芝總統卻能把氣氛變得十分輕鬆自然，使嚴肅的代表團員反而放鬆了心情，在這樣的氣氛下慢慢地引入正題，並把意見說了出來，問題也在輕鬆的氣氛中解決了。

身爲一個政治人物，任何的動作或發言，都有著一定的影響力，柯立芝總統引入正題的方法，其實並沒有什麼技巧，只是，他比別人更加細心地緩和彼此的情緒而已。不願造成爭論，也不願看見群衆的情緒激動，所以在他生活化的開場白中，同時也正在思考如何給施壓團體一個滿意的答覆。

而這也正是許多人無法解決事情的關鍵！一有事情發生，多數人只知急躁地辯駁或爭論，而不會先靜下思考解決之道。

其實，冷靜地想一想，我們是不是常常只顧著抱怨，而忘了徹底的反省呢？結果事情又處理得如何呢？想解決問題，先學一學柯立芝總統的智慧吧！沉住脾氣，把問題反覆思考後，再一針見血地指出來，有建設性地提出意見，你才能眞正的把問題輕鬆解決。

搞不清楚狀況，最好少講話

想一想：你對這件事、這個人夠了解嗎？如果答案並不肯定，那麼建議你還是先閉上嘴，留一點思考的空間給自己吧！

《戰國策》裡有句話說：「弗知而言為不智，知而不言為不忠。」的確，什麼也不知道就亂發言，或是只知道一半就亂說話，普天之下的不智者，大都會犯這樣的錯誤。

在搞清楚狀況之前，最好還是不要亂說話，因爲在這種情況下所說的話，絕大部分只會顯露出自己的無知而已。

老王有天在街上閒逛，看到前方不遠處似乎有車禍發生，一群人正擠在一旁圍觀。他生性愛看熱鬧，連忙湊過去想看個究竟，可是人太多了，怎麼擠也擠不進去。

此時，老王忽然心生一計，站在人群後大喊：「讓開！我是死者的父親！讓我過去！讓我過去！」

只見大夥兒都一臉驚訝地望著他，並很快讓了一條路讓他過去。老王往前走了好幾步，但是眼前的景象卻讓他頓時說不出話來。

原來，奄奄一息躺在地上的是一隻豬。

老王或許覺得自己很聰明，想得出這麼一招，可以輕輕鬆鬆地就擠到人群的最前面一探究竟，卻沒想到因爲他的自作聰明，弄得自己在衆人面前出了個天大的糗！

文學家老舍曾經這麼評論：「憑著一點浮淺的所知而大發議論，和醉鬼藉著點酒力瞎嘮叨大概差不了多少。」

說出去的話就如同潑出去的水，沒有辦法再吞回肚子裡，就算事後我們後悔了、改變心意了，先前的失言還是會像火燒野草一樣，在別人眼裡形成負面效應，再也無法挽回。

有些人天生就是喜歡大發議論，也不管自己到底對這件事、這個人懂多少，嘴巴上卻說得自己好像是個專家似的。對於這種人，法國哲人孟德斯鳩曾經做了如下的評論：「思考得越少，話就越多。」

這麼直接的形容，眞可說是一針見血！因此，下次開口說話之前，別忘記先在心裡想一想：自己眞的對這件事、這個人夠了解嗎？如果你的答案並不肯定，那麼建議你還是先閉上嘴，留一點思考的空間給自己吧！

太太過無知，小心被當成白癡

老是在貧乏又狹隘的世界裡自嘆遇不到伯樂的人，無法了解外面的世界有多大、自己的能力又有多小。

托·富勒曾說：「略知皮毛者總愛反覆談論那些皮毛。」只懂得一點點的人經常因爲自己本身的無知，而自以爲已經無所不知。想想，如果我們總是得不到他人的肯定，那究竟都是別人的問題，還是我們自己的問題？

在金融海嘯衝擊下，我們面臨的競爭比以前任何時代都要激烈萬分。如果你不設法讓自己更聰明一點，更精明一點，想要繼續裝傻、擺爛，那麼，你就只能在「裁員滾滾」的洪流中載浮載沉。

話說有兩個落第秀才結伴歸鄉。這日兩人來到一座城外，看到參差不平的城牆，一時詩興大發，其中一名秀才於是吟道：「遠看城牆鋸鋸齒。」

另一名秀才不甘示弱，隨口就接了下一句：「近看城牆齒齒鋸。」

「唉，像我們這樣的文才竟然沒有考上，我看主考官們八成都瞎了眼！」想到別人衣錦還鄉，而自己卻一無所獲，二名秀才不禁抱頭痛哭。

這時候，恰巧一名農夫趕著馬車從旁邊經過，看到二位書生痛哭流涕，覺得很奇怪，於是上前關心。二書生便將自己的經歷向農夫哭訴一通，又將剛剛作的句子唸一遍給農夫聽，還十分不服氣地說：「像我們這樣的天才居然落第，世界上哪裡還有天理呀！」

話剛說完，農夫卻突然蹲在地上哭了起來，書生們以為農夫是同情自己的遭遇，於是禮貌地上前勸慰。沒想到，農夫邊哭邊說：「這世界還真是不公平啊，我的地貧瘠得幾乎長不出東西，可是眼看著你們兩個人一肚子的屎可以拿來做肥料，我卻沒辦法掏出來！」

這世上確實有許多人因為種種原因懷才不遇，滿腔的才能與幹勁沒有辦法發揮，只能鬱鬱度日。不過，卻還有更多肚子裡滿是草包的人，自以為才高八斗、學富五車，事實上沒有幾分才能，還不懂得補強自己的不足，一天到晚只會埋怨他人「不識泰山」、「不懂欣賞」！

俄國作家拉季舍夫曾經說過：「**在知識的山峰上登得越高，眼前展現的景色就越壯闊。**」

老是在貧乏又狹隘的世界裡自嘆遇不到伯樂的人，無法了解外面的世界有多大，自己的能力又有多小。唯有透過不斷的努力與學習，我們才能在更進一步了解世界與人群的同時，也印證自己的能力與視界究竟到達何種程度。

11

提升應變能力，才能逢凶化吉

現實生活裡，任何事都可能發生，許多人習慣以硬碰硬，或以強制的手法來解決事情，其實，這種方法只會讓事情變得更加棘手而已。

正話反說，就能把事情輕鬆解決

如果我們能從人性的心理著手，以旁敲側擊或是正話反說的方式克服，不僅不會得罪任何人，還能收到很好的功效。

戴爾·卡內基在《人性的弱點》裡說：「**太陽能比風更快的脫下你的大衣；風趣幽默的方式，比任何命令更容易改變別人的心意。**」

日常生活中，有些人的習慣是無法用強制的方法加以改變的，與其命令，倒不如反其道而行。

在印度，許多婦女都習慣帶著帽子看電影。

可是，這些帽子常常擋住後面觀眾的視線，於是便有員工建議電影院的經理，

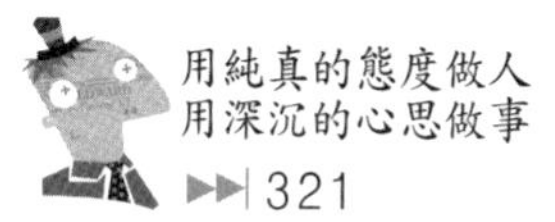

張貼個公告，禁止她們戴帽子進場。

但是，經理卻搖頭說：「這樣限制的話，恐怕會造成觀眾的流失，我還是必須尊重她們戴帽子的習慣。」

大家聽了之後，都感到十分失望。

不過，到了第二天，在影片放映之前，這位經理卻在銀幕上播放了一段公告：「本院為了照顧『衰老有病』的女客人，特別允許她們戴著帽子，即使電影放映時也不必摘下。」

但是，當這串文字從螢幕上一跑出來，所有的女客人立刻都把帽子給摘下來了。

聰明的電影院經理，利用一般人害怕衰老有病的心理，沒有得罪任何客人，輕輕鬆鬆地就把問題給解決了。

我們習慣以「限制」或「法令」來強制規範別人的行爲，成效不彰的情況比比皆是，這是因爲大多數人都不喜歡「被約束」的感覺。

如果我們能從人性的心理著手，以旁敲側擊或是正話反說的方式克服，不僅不會得罪任何人，還能收到很好的功效。

遇到那些蠻橫不講理或不遵守規矩的人，大文豪莎士比亞提醒我們：「不要輕易燃起心中的怒火，它燒不了敵人，只會灼傷自己。」

每個人的周遭都有一些讓人難以忍受的人，當你想挺身而出主持公道的時候，千萬不要輕易抓狂，應該暫時忍下心中的憤怒與衝動，如此才能冷靜想出應變知道，輕鬆戰勝這些人。

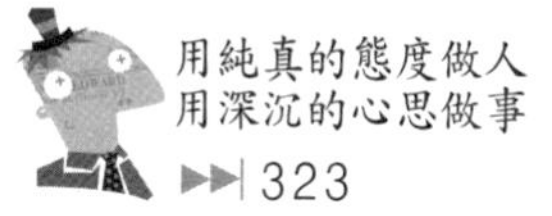

與其強迫威逼，不如投其所好

溝通有很多種方法，我們可以用不傷人的方式，或旁敲側擊的暗喻來表達，只要懂得延伸和變通，事情就能有更完美的結果。

法國哲學家拉布呂耶爾說：「與其令對方服從我們，不如我們附和對方更為便捷而且有益。」

沒有人不喜歡對自己有益的事情，因此，附和對方的喜好，然後找出雙方的共同點，就會使交涉更加便捷，更有益處。

很多時候，與其強迫威逼，不如投其所好來得有效，想要獲得成功，就必須懂得解讀別人的心理需求，明瞭對方要的是什麼，尤其是面對小人，這套心理作戰方式更加重要。

有一次，名作家愛默生為了把一頭小母牛趕進牛欄，費盡了力氣都無法完成。他的兒子愛德華見狀，便用一隻胳膊摟住牛的脖子，而愛默生則在後面推，沒想到們越用力，小母牛越不願移動。

父子倆為了這頭母累得面紅耳赤、滿頭是汗，全身都沾滿了牛糞，簡直氣瘋了。這時，有位愛爾蘭小女孩路過，看到這個景象，便在一旁開心地大笑，只見她走了過來，把一個手指伸進小母牛的嘴裡，溫柔地拍著牛背，就這麼輕鬆簡單地讓小母牛乖乖走進了牛欄。

愛默生看到這情景後，陷入了沈思，還把此事記入他的手記中。

另外，有一個關於邁克爾．費羅迪發明第一架電動機的軼聞。

費羅迪發明了電動機後，為了讓英國首相威廉對他的發明感興趣，並給予支持，於是帶著原始模型——「一塊磁鐵，上面繞著一些電線」去找首相。

他給首相看了模型的操作，並講解其中深奧的原理，可是，在他解說的時候，首相卻始終提不起興趣。

「使用它有什麼好處呢？」首相不耐煩地問費羅迪。

「當然有好處，有一天，你可以從它的身上增加許多稅收。」這位科學家靈機一動地回答道。

首相一聽到可以增加許多稅收，馬上對他的發明表示認可，並且給予他很大的支持。

我們所遭遇的人，可能比我們想像中正直，也可能比想像中陰險，尚未摸清對方的人格特質與心理需求，就採取直來直往的應對方式，試圖與對方較勁，或者「以理服人」，其實是相當危險的。

結果不是徒勞無功，便是讓自己碰得鼻青臉腫。與其如此，倒不如旁敲側擊，以「投其所好」的方式應對或說服。

想要說服別人，尤其是滿身是牛脾氣的人，就必須先了解他們對什麼事最感興趣，進而順勢引導，才能獲取成功。

其實，以他們最感興趣的事物作誘引，並不是迎合拍馬，而是一種不得不然的溝通技巧，那只是一種輔助的方式，與你的終極目標完全沒有衝突，你的人生方向也絲毫不受影響。

溝通有很多種方法，我們可以用不傷人的方式，或旁敲側擊的暗喻來表達，只要懂得延伸和變通，事情就能有更完美的結果。

不要用情緒解決問題

「以柔克剛」的溝通技巧，不僅讓可能引起對立的情緒消失，更能心平氣和地溝通交談。

德國作家孚希特萬格說：「只有傻子才會對照出自己容貌的鏡子生氣。」這番話告訴我們，面對別人的批評，先按捺住情緒，勇敢檢討自己所有的缺失，才是明智之舉。

千萬不要用情緒解決問題，聰明的人必須根據不同的情勢，採取相應的作戰方針，不管伸縮、進退，都應該進行客觀的評估，如此才能獲得勝利。可別因爲一時沉不住氣，導致自己一敗塗地。

日本知名的心理學者多湖輝先生，就讀大學的時代，曾遇上一位教學非常嚴格的德文教師。

有一次，講課之時，這個德文老師不小心犯了一個錯誤，而發現這個錯誤的，只有多湖輝一個人。

於是，多湖輝為了讓老師出醜，便直指老師的錯誤，但是老師卻很謙虛地說：「你說得對，能發現這麼重要錯誤的，只有你一個人，其他的同學都沒發現嗎？是不是都在睡覺呢？」

老師誇讚了多湖輝之後，接著說：「這個部份是每個人都很容易出錯的地方，大家要特別注意。」

本來，多湖輝和同學們都認為，老師會因為學生的指責而惱羞成怒，沒想到他竟是如此友善，虛心受教，在誇獎多湖輝後，反而讓學生們對老師產生了敬重，更加肯定他的教學，從此也不再批評老師嚴格的教學了。

從多湖輝的這則小故事中，我們學到了另一種「以柔克剛」的溝通技巧，更學到以「謙虛爲懷」化解問題的好處，不僅讓可能引起對立的情緒消失，更能心平氣和地溝通交談。

這正是習慣以情緒解決問題的現代人，所必須學習的技巧。

批評和指責的原因一點也不重要，重要的是，在發現問題後如何改善，並且記得不再犯同樣的錯。

所以，下次若有人不客氣地告訴你：「你知不知道你犯了很大的錯誤」時，別急著動火，先說聲「謝謝」。

相信對手會因爲你的虛心受教，願意提供更多的意見，甚至給予協助，爲彼此創造雙贏的新局。

提升應變能力，才能逢凶化吉

現實生活裡，任何事都可能發生，許多人習慣以硬碰硬，或以強制的手法來解決事情，其實，這種方法只會讓事情變得更加棘手而已。

任何事情都有正反兩面，就像一把刀，如果你抓的是刀刃，最好的事情也會傷害你；如果你抓的是刀柄，那麼最有害的事情也會保護你。

在這個小人橫行的年代，遇到凶險能不能保護自己，讓自己全身而退，關鍵就在於應變能力的強弱。

想要避免突來的災禍，必須多多訓練自己的危機應變能力，學習基本防身術或是研究人性心理，都將有助於提高機警、應變的能力。

一天深夜，有個打算犯罪的男子，在地鐵站盯上了一位婦女。

出了車站之後，這名男子一路跟蹤婦人，一直跟到了一個很偏僻的地方。此時夜深人靜，男子見四下無人，便準備伺機對婦女行搶、施暴。只見他加緊了腳步，一下子就趕上了這位婦女，沒想到就在這個時候，婦人突然轉過身來，以十分誠懇的語氣說：「啊，先生，很高興能碰上你，現在夜深人靜，路又黑暗，我一個人要趕路實在很不安全，你可不可以陪我一段路啊！」

婦人拜託這名男子，並且以非常信任的口氣對他提出請求，這個舉動竟讓男子一時間不知所措，只好茫然地點頭答應了。

一路上，婦人將他當做是熟識的朋友一般聊天，一點也沒有把他當成歹徒加以防備，這使得原本想犯案的男子，不知不覺地將她送到家門口，並且始終沒有採取任何行動。

事後，這個男子回憶說，他本來是想對她行搶、施暴的，但是因為她的這個舉動，不僅令他打消了犯罪念頭，更使他恢復了正常的人性，從此他再也沒有動過犯罪的念頭，反而多了份行俠仗義的企圖心！

其實，根據犯罪心理學家的研究，一般罪犯者在心理上比較自卑，往往缺乏信心，對自我價値抱持著否定的態度。

這位婦女是以肯定人性的心理戰術，並且機警地運用「以柔克剛」的態度，不僅順利地感化了對方，也爲自己化解了一次危機。

現實生活裡，任何事都可能發生，許多人習慣以硬碰硬，或以強制的手法來解決事情，其實，這種方法只會讓事情變得更加棘手而已。

想在險惡的人性叢林中求生存，聰明的人考慮問題、制定謀略的時候，一定要兼顧利與害。既要充分考慮到有利的方面，同時也要考慮到不利的一面，保持清醒的頭腦，才不會衍生不必要的後遺症。

試著放軟身段吧！不要以卵擊石，而要以柔克剛，如此才能逢凶化吉。

保持鎮定，你才能脫離險境

開始行動的時候，一般人都會非常專注而仔細，但是，這樣的努力往往持續不到幾分鐘，便慢慢地開始失去了耐性了。

每個人都有個性上的缺點，也有著視野上的盲點，遇到危險的時候，只要你能保持鎮定，掌握這些人性的通病，就能幫助自己脫離險境。

你必須提高應變能力，把自己訓練得像兔子一樣敏捷，像狐狸一樣狡猾，像老虎一樣沉穩而又凶悍。

一八九七年，密謀策動革命的列寧，被俄國沙皇當局逮捕，流放到西伯利亞邊區。到了西伯利亞，列寧仍不放棄革命活動，積極地在各地運作，並和各區革命活動的參與者保持聯繫。

當然，沙皇也沒有放鬆對列寧的監視，不過機警的列寧每次都能巧妙地擺脫險境，而這些機智表現，更加突顯了他的智慧與勇氣。

一八九九年五月二日的晚上，沙皇的憲兵隊突然闖入了列寧的住處進行搜索，遇上這個突如其來的搜查行動，列寧仍從容而鎮定地將椅子遞給憲兵，讓他們有個輔助工具能站上去，方便搜尋櫃子的頂端。

於是，憲兵們都爬上了椅子，開始仔細搜查。剛開始，他們找得非常仔細，但是面對著一疊又一疊的統計資料，他們都看得昏頭腦脹，慢慢地也失去了耐心，一直搜到下面幾格抽屜時，只是隨便地掃了掃，就不再繼續搜索了，最後扔下滿屋子的紙張卡片，一無所獲地離開。

其實，他們都沒料到，只要他們搜查得再仔細一點，馬上就可以找到他們所要的證據了。因為，列寧最重要的秘密文件和書信，正是放在櫃子最下面的那幾個抽屜裡。

開始行動的時候，一般人都會非常專注而仔細，但是，這樣的努力往往持續不到幾分鐘，便慢慢地開始失去了耐性了。

關於這一點，列寧當然非常清楚，所以他鎮定地轉移憲兵們的注意力，讓那些士兵們開始產生「三分鐘熱度」的效應，使自己躲過這場危險的搜查行動。

換個角度想，我們是否也像這些憲兵一樣，經常是三分鐘熱度？

在這個故事中，除了告訴我們保持鎮定的重要性外，另一個重點，就是做任何事都要堅持、有耐心，只要能多堅持一秒，成功就能與我們更靠近。

遭逢困境或瓶頸之時，必須認清現實，冷靜地分析如何突破，因爲，導致我們失敗的，往往不是困境本身，而是我們面對困境的心理狀態！

眞正聰明的人，總是保持冷靜的心境，讓自己順利突破困境。

嘲弄，也是應付小人的方式

連大學者胡適，都曾被狠狠地被嘲諷了一番，那些總是粗淺學習的人，或老是帶著半調子而自大驕傲的人，更不值一提了。

俄國幽默作家契訶夫曾經說道：「一次絕妙的嘲笑，所起的作用會比十次訓話還大得多呢！」

在某種情況下，嘲諷令人厭惡的小人，不失爲制止他們氣焰的好方法。

不過，嘲諷是相當高深的藝術，只有那些擅長心理作戰的人才能運用自如。他們總是能運用一些特殊的方法，從別人意想不到的角度切入，達到自己想要取得的效果。

有一段時間，胡適對於墨子的學說很感興趣，而且也下了許多功夫研究，自認為頗有心得。

在一次宴會中，胡適與黃季剛正好坐在一起，一坐下來，便迫不及待對黃季剛大談墨子思想。但是，黃季剛在他說完後，突然大罵道：「現在講墨子的人，都是混帳王八蛋。」

胡適知道黃季剛素有「黃瘋子」的外號，既然話不投機半句多，只好忍住不再多話，對剛剛的事也不作任何回應。

但是，怎料黃季剛竟繼續罵著：「胡適的父親是混帳王八蛋。」

這下子，個性和順的胡適再也忍不住了，氣憤地對著黃季剛怒斥不該侮辱他的父親。沒想到這會兒，黃季剛卻反而微笑著說：「你不要生氣，我只是要考一考你，你知道墨子講求兼愛，也說他是無父的，但在你心中卻仍有父親，可見你還不是墨子的標準信徒。」

雖然這是一句很粗俗的玩笑話，卻一針見血地說中了胡適對於墨學研究不夠深入的事實。黃季剛的這句玩笑，讓胡適知道所學不夠專精的缺點，用「話中有話」

的方式對胡適作指導，如此一來，反而減少了直指缺失時的對立。

這則故事隱藏了兩個不同的意義，一是用玩笑話的解題技巧，另一個則是深入研究的重要性。

尼采說：「凡事一知半解，寧可什麼都不知道。」

連身爲大學者的胡適先生，都曾被黃季剛評定爲研究不夠深入，還被他狠狠地被嘲諷了一番，那些總是粗淺學習的人，或老是帶著半調子而自大驕傲的人，更不值一提了。

從這則小故事中，我們不難理解，有時候，適時地加以嘲弄也不失是應付小人的一種方式。

智力會提高成功的機率

不管是在商場上，還是政治爭鬥中，只要你能比別人多用一分智力，那麼你就能比別人多十分的成功機率。

這是一個全球景氣低迷、痛苦指數居高不下，但是又充滿機會的時代，許多人因爲經濟環境不斷惡化而過得更差，但是，也有人不斷創新，而在不景氣中逆勢上揚。這種現象說明了一個重點：智力代表著成功的機率。

在人生的各項競爭中，是否具備聰明才智，往往是決定勝負的關鍵。

因此，平常就得經常鍛鍊自己的腦力，讓才智像太陽一樣發光，如此它才可能成爲你克敵致勝的秘密武器。

宮本武藏是日本史上最著名的劍俠，不但武藝超群，而且對兵法、禪學及心理學都有相當的研究。

因為他上知天文又下知地理，更懂得舉一反三，將理論落實於生活中靈活運用，所以他總是能在歷次爭鬥中獲得勝利。

像他和佐佐木小次郎在岩流島的決鬥，就充分地顯示出他的作戰技巧。

首先，他和對方約定好決鬥的時間，接著故意遲到二個小時，這麼一來，對手在等待的過程中，便會產生厭惡和急躁的情緒，而導致對手注意力的分散。

第二，在準備決鬥之時，宮本武藏刻意選擇了背向大海的位置，如此一來，佐佐木小次郎就正好面對直射過來的陽光，因為受到陽光的刺激，雙眼便很容易產生疲勞。

而且，聰明又狡猾的宮本武藏站在背對太陽的方向，對於面向太陽的小次郎來說，宮本武藏冷酷的形象便會加大，於是，在戰前的心理交戰中，宮本武藏就已經佔盡了優勢。

所以，佐佐木小次郎在無法充分發揮實力下，便被對手一劍刺死了。

雖然，當時在場監戰的高手都指出，小次郎的戰鬥實力並不比宮本武藏差，甚至比他更強。但是，宮本武藏善於利用天勢、地理等條件，又能掌握對手的心理，自然也就顯得技高一籌了。

眞正的高手不會用蠻力迎戰，而會採取以智克人的方式，靠機智獲得最後的勝利。著名的空城計，讓諸葛亮不戰而屈人之兵，順利嚇走司馬懿，不只是一場成功的守城，更是諸葛亮結合了心理戰術，以智取勝的結果。

援用到現實生活中，不管是在商場上，還是政治爭鬥中，只要你能比別人多用一分智力，那麼你就能比別人多十分的成功機率。

不要再埋怨周遭那些壞人有多可惡了，現實一點！活在這個腦力競賽的世紀，你唯一能做的，就是審時度勢，運用腦力幫自己達成目的。

別把場面話當成真心話

自己是怎樣的人，我們自己應該最清楚；就算別人一個勁兒的灌迷湯，我們也絕對有不輕信的智慧與權力。

恭維的特色之一，就是「概無差別，一視同仁」地拍馬屁。

管你長得像林青霞還是像沈殿霞，在恭維者口中，同樣都是「沉魚落雁」、「閉月羞花」。

不管你是不是愚昧昏庸、扶不起的阿斗，在他們口中永遠都是「天縱英才」、「英明果斷的領導者」！

從前，有位太守剛剛走馬上任，一來到縣裡，百姓們一連幾天演戲慶賀，並且有人帶頭呼喊：「全州百姓齊慶賀，災星去了福星來！」

太守一聽，心想，這些縣民把前任太守罵作災星，卻把自己當成福星，這不就表示自己在他們心中評價很高？

想著想著，太守一邊撚鬚微笑，心裡高興極了。

於是他問：「這兩句話說得真妙，是那位高手想的？」

百姓答道：「這是歷年傳下來的慣例，新太守上任都得這麼喊。等太爺您卸任，新太守上任時，我們還是這麼喊的！」

法國文人列那爾曾經說過：「恭維像輕微的北風一樣令人愉快，但是，它並不能使帆船前進。」

是的，適時的讚美能夠讓我們保持前進的動力，但是過度的諂媚與不負責任的場面話，則會讓人覺得肉麻。

若是對那樣的恭維過於輕信，往往會使我們自滿於現狀而停滯不前，更嚴重者甚至會越來越退步。

英國思想家培根曾說：「謹防鼻子上有瘡卻被恭維為美。」

聽不到事實的眞相，其實是一件最可怕的事。在各種場合裡，難免會聽見許多未必由衷的頌詞與高帽，這個時候切記，這類場面話聽聽就算了，若是信以爲眞，那才是大錯特錯。

說到底，自己是怎樣的人，我們自己應該最清楚；就算別人一個勁兒的灌迷湯，我們也絕對有不輕信的智慧與權力，不是嗎？

12

面對誠實的人，就用誠實的方法

人與人之間的相處，可以是君子之爭，不必奉承阿諛，更不必費心猜疑，才不會有相互拉扯的兩敗俱傷。

用機智把危機化轉機

碰到事情時，許多人都只會退縮或哭泣，只是再多的眼淚也沖不走麻煩，何不在遇上的當下，立刻沉著應變，將事情解決呢？

無論多麼不願意，生活處處都有小人和壞人，都會有我們意想不到的危機，以及麻煩的事情發生。

面對這種情況，唯有隨機應變，不管遇到任何突發狀況時都能臨危不亂，你才能化險爲夷，讓每一個危機都能轉化成轉機。

有一天深夜，卓別林帶了一大筆現金，正開著車要趕回鄉村別墅的途中，沒想到竟然遇到了一個強盜。

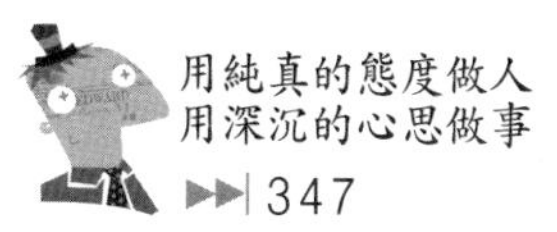

他持著手槍，要求卓別林把錢全部交出來，卓別林這時一邊準備遞錢，一邊說道：「朋友，請你幫個忙吧，把我的帽子打穿幾個洞，這樣我回去之後才能向主人交代呀！」

這強盜便朝卓別林的帽子打了幾槍，卓別林又對他說：「還有我的衣襟上，也來幾槍吧！」

強盜拉起卓別林的衣襟，再開了幾槍。最後，卓別林又央求強盜說：「如果你能在我的褲子上也打幾槍，那就更逼真了。」

強盜不耐煩了，嘴裡生氣地咒罵了起來，但還是把槍對準了卓別林的褲子，可是，他扣了好幾次扳機，卻連一發子彈都射不出來。

這時，卓別林知道槍裡已經沒有子彈了，於是立刻把錢包搶了過來，跳上車趕快逃跑，而這個笨強盜這才知道自己上當了。

強盜的目的只是爲了錢，而卓別林之所以乖乖把錢交給強盜，則是害怕強盜會開槍射殺他。

但是，聰明的卓別林隨即想到，如果能把強盜手槍裡的子彈全耗盡的話，他就不用再擔心了，因而想出了這招誘導強盜用光子彈的妙計，安全逃脫。

機智，是這篇小故事所要表現的重點，碰到事情時，許多人都只會退縮或哭泣，只是再多的眼淚也沖不走麻煩，退了再多步，最後你仍得前進面對，所以，何不在遇上的當下，立刻沉著應變，將事情解決呢？

答案就在自己的手裡

人生的難題其實並不難，難就難在捏在手中的「鳥兒」，老是被鑽牛角尖的人粗暴地捏死、輕易地放走。

每個人的身邊都有一些小人，像揮之不去的蒼蠅，整天忙著進行損人、害人的卑劣勾當。有的人雖然還稱不上小人，卻喜歡用一些奇奇怪怪的問題刁難別人，讓人煩不勝煩。

面對老是喜歡用問題刁難別人的人，你大可告訴他們：「要想解開人生的種種難題，請努力從自己身上尋找解決的方法吧！別老是依賴別人的答案，因為答案其實已握在你的手中。」

有一個很古老的故事是這樣的：從前有位老智者，不論人們問他什麼問題，他都能給對方一個滿意答案，而且從來沒有出錯過。

有一天，村裡一個聰明的小孩，終於想出了一個難題，準備要考考那位聰明的老人。只見他拿了一隻小鳥，來到老人家住的地方，一進門就笑嘻嘻地問老人說：「你說，我手裡的鳥是活的，還是死的？」

智者沉思了一會兒，回答說：「我的孩子，如果我說這鳥是活的，你肯定會把牠捏死；如果我說牠是死的，你也一定會鬆手讓牠飛走。所以，這個問題的答案，就在你自己的手裡。」

從這個故事裡，不知道你得到了什麼樣的訊息和啓示？

你可以用兩個角度來看，一個是小孩子的，一個是老智者的。

前者所表現的正是多數喜歡自尋煩惱的人，這類人不是喜歡鑽牛角尖，就是只會怨天尤人，總是喜歡用模稜兩可的問題刁難別人，就算答案已明擺在他們的眼前，他們也會吹毛求疵或試圖狡辯。

遇上這些煩人的人，老智者知道多說無益，唯有他們自己省悟了，事情才會得到眞正的解決。

遇到類似的狀況，如果你懂得巧妙應對，不但讓對方無法得逞，更表現出自己的泰然自若，不只替自己解圍，同時也突顯出自己的睿智。

人生的難題其實並不難，難就難在捏在手中的「鳥兒」，老是被鑽牛角尖的人粗暴地捏死、輕易地放走。

喜歡模仿，小心貽笑大方

每個人都有每個人適合的風格，最要緊的就是找到你的特色，並好好發揮，可別認不清自己的斤兩。

活在這個高度競爭的年代，做人一定要聰明，做事一定要精明。別以爲「有樣學樣」就是成功的保證。了解自己，明白自己的長短處，建立自己特有的風格，才能展現己的特色，這是怎麼學也學不來的。

一位年輕牧師向老牧師請教：「每次輪到我講道時，大家總是睡著，不然就是沒辦法專心聽講，到底要怎樣才能吸引教友的注意力？」

老牧師回答：「這倒不難，有個小笑話很有用。你可以說，我一生中最幸福的

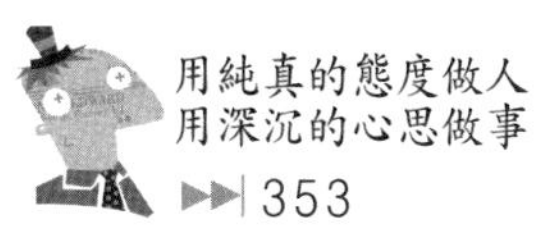

時光是在一個女人的懷裡度過的。」

年輕牧師聞言，吃驚地看著老牧師。

老牧師得意地說：「這樣效果不錯吧？這時大家應該已經從夢境中醒來啦！然後你就可以說，她就是我的母親。」

年輕牧師覺得這招實在不錯，於是感謝了老牧師之後就離開了。

在一次禮拜中，他見台下的教友似乎又快要集體靈魂出竅，於是決定暫停講道，並且向人們說：「各位，你們知道嗎？我一生中最幸福的時光是在一個女人的懷裡度過的。」

果不其然，大家都紛紛吃驚地望著他。正當他感到得意，打算繼續說下去時，卻猛然發現自己居然忘詞了！於是，他只好吞吞吐吐，老實地告訴大家：「可是……唉呀，我現在卻記不起她是誰了！」

這位年輕牧師顯然不是那種信手捻來都是妙語如珠、風趣幽默的類型，跟老牧師學了這招皮毛，竟然連用都用不好，徒惹大家笑話。

如果覺得自己可以，方法值得一試，那麼按照別人的樣子依樣畫葫蘆倒也不是不行，重要的是，別只知道複製成功者的「外在」，要盡可能地連精髓都學起來。雖然我們不能確定這麼做，能不能連「成功」也一併複製，但是至少在這個過程當中，可以學到成功者獨到的堅持，了解成功的原因，也算是有一番收穫了。

當然，最重要的是，不論一開始如何，最後我們都必須要設法走出一條屬於自己的道路。每個人都有每個人適合的風格，最要緊的就是找到自己的特色，並且好好發揮。

不是猛龍不過江，如果天生不是當西施的料，就不要總是模仿人家的一顰一笑。就像選舉，有人選前一跪，可以說是驚天地而泣鬼神的壯舉，但是後來的人再跪，不但跪掉了尊嚴，連票也一併跪掉了。

可別認不清自己的斤兩，看別人怎麼做怎麼順，就硬是要照著做，卻又不懂得好好做、好好準備，只學到他人的皮毛。最後弄得自己累了半天，不只沒有成效，還反倒貽笑大方！

面對誠實的人，就用誠實的方法

人與人之間的相處，可以是君子之爭，不必奉承阿諛，更不必費心猜疑，才不會有相互拉扯的兩敗俱傷。

人常常用自己的角度衡量事物，因此犯下許多原本可以避免的錯誤。法國思想家拉羅什富科提醒我們：「各種人和事都有自己的觀察點，有的需要抵近去看，做出正確的判斷，有的則只有從遠處看，才能判斷得最好。」

人與人之間的應對模式經常必須因人而異，面對誠實的人就用誠實的方法，面對狡詐的人就用迂迴側擊的方法。千萬不要用錯方式，否則就很難達到功效。

美國南北戰爭打得如火如荼期間，有一天，一位女孩來到總部找林肯總統，想要求他開具一張去南方的通行證，林肯不解地問她：「現在南北方正在打仗，妳這時去南方做什麼呢？」

這女孩回答說：「回去探親。」

林肯一聽高興地說：「那妳一定是支持北派囉！請勸勸妳的親友們，希望他們能放下武器，歸降聯邦政府。」

誰知道情況與林肯想像的完全不同。「不！我是個支持南方的，而我要回去鼓勵他們堅持到底，絕不後退。」女孩很坦率地回答。

林肯聽了很不高興，反問她：「那麼妳來找我幹嘛呢？妳真的以為我會給妳開通行證嗎？」

女孩沉著地說：「總統先生，在學校讀書時，老師都會跟我們說林肯的誠實故事。從那時候開始，我便下決心要學習林肯，永遠做一個誠實的人，一輩子都不說謊。因此，我不打算為了一張通行證，而改變自己要誠實的習慣。」

女孩的話感動了林肯：「好，我就給妳一張通行證。」

說完，林肯在一張卡片上寫了這樣一行字：「請讓這女孩通行，因為她是一位信得過的人。」

對付小人，必須用小人的方法；對付君子，當然得用君子的方式。

在人生的旅程中，如果不懂得做人做事的方法，就如同欠缺智慧的傻瓜，做出搞錯對象、使錯方法的傻事也就不足爲奇了。

故事中，我們讀到了小女孩的勇氣和誠實，更看見林肯的氣度與包容，兩個人都是能人所不能，也都有所爲而爲。

女孩有求於人，卻不願違背自己的意志，寧可誠實說出自己的目的，這是因爲她明白林肯的爲人，所以能對症下藥，一方見效。

人與人之間的相處應當如此，可以是君子之爭，不必奉承阿諛，更不必費心猜疑，才不會有相互拉扯的兩敗俱傷。

別把時間浪費在抱怨上

遇到任何困境或難題時，不要只會抱怨、跳腳，別把時間浪費在哭泣上，快擦乾眼淚吧！

世間的小人無所不在，只不過有的小人是顯性的，有的小人是隱性的。

一般而言，隱性的小人遠比顯性的小人更難提防。這是因爲，遭遇顯性的小人，我們會事事謹愼小心，深怕自己被坑被騙，但是，隱性的小人卻常常犯下「無心之過」，讓我們疏於提防之餘欲哭無淚。

不過，既然悲慘的事情都已經發生了，抱怨或哭泣都無濟於事，只要馬上採取補救行動就能扭轉局面。

托馬斯．卡萊爾是十九世紀英國的著名作家，他以《法國大革命史》和《英雄、英雄崇拜及歷史上的英雄人物》兩本著作聞名於世。

《法國大革命史》第一卷即將付印之前，托馬斯．卡萊爾答應經濟學家彌爾的要求，將原稿先借給他看一看。誰知，彌爾閱讀完之後，未經同意又把稿子借給泰拉夫人閱讀。

不幸的是，泰拉夫人翻閱之後卻沒有把稿子放好，隨意放在房間的一角，臨時有事便出門去了。

這時，正巧有一位女僕進來打掃房間，竟把它當成了廢紙，信手扔進了暖爐裡生火，珍貴的書稿一下子便化成了灰燼。

這該怎麼辦呢？托馬斯並沒有留下副本，彌爾和泰拉夫人急得不知所措，討論過後，他們只好把情況一五一十地告訴托馬斯．卡萊爾，並且請求原諒。

卡萊爾聽到這個消息後，腦袋「嗡」的一聲，半天都說不出話來，可是，面對這個無法挽回的損失，他卻沒有任何怨言，反而在心裡安慰自己：「可憐的托馬斯，你必須面對這個意外的事實。」

為了紓解內心的焦急和苦惱，卡萊爾努力地克制自己，先是靜靜地坐下來閱讀小說，並且連續讀了好幾個星期。

面對這樣的晴天霹靂，他承受了一切，而且毅然地決心重新開始。他開始將所有的記憶、思想和收集的史料……等等，重新思考並回憶一遍，然後從頭寫起。不管有多困難，也不管有多麼辛苦，最終他仍然戰勝了一切，完成這部歷史的世界巨著。

義大利作家普拉托里尼曾經提醒我們：「紡錘也會不準，甚至鏡子裡出現的形象也和實體不一致，教皇也會有說錯話的時候。」

既然如此，小人「不小心」犯下讓我們傷心欲絕的錯誤，也是可以理解的事，要怪只能怪自己不長眼睛，太容易信任別人。

單憑身分、地位或外貌面就輕信別人是人性的弱點之一，如果不設法加以克服，結果往往就像卡萊爾的遭遇，甚至蒙受更大的損失。

不過，卡萊爾的遭遇也給了我們正面的惕勵，那就是：「不要太傷心，只要再接再厲，事情永遠都會有補救的機會。」

別爲無法挽回的事情懊惱，你願意能給自己多少浴火重生的機會，你就會有多少成功的機會！

遇到任何困境或難題時，不要只會抱怨、跳腳，既然都知道機會不多了，就別把時間浪費在哭泣上，快擦乾眼淚吧！抓住第一時間進行挽救，到最後，成功仍然會是屬於你的。

放棄之前，再給自己一次機會

挫折與艱困，常常會讓人受不了身心的折磨而萌生放棄的念頭，只是，回想前路的辛苦，都付出那麼多了，就這麼放棄了，不是很可惜嗎？

透過觀察比較，我們可以知道，強者與弱者只有一線之隔，強者高明的地方在於永不放棄，能夠堅定不移按照自己既定的人生目標前進。

至於弱者則平時展現出一副自己很厲害、很英勇的模樣，但是遇到失敗挫折就怨天尤人，最後氣餒地放棄。

其實，只要有了奮戰到底的堅強意念，竭盡全力、用心做到最好，你也一定會和科幻小說大師凡爾納一樣，受到成功之神的眷顧。

法國著名的科幻小說家凡爾納，將他的第一部科幻小說《氣球上的五星期》的手稿，先後寄給十五家出版社後，很快地，也先後收到了十五家出版社的退稿。當時的凡爾納絕望地想：「這些出版商看不起像我這樣的無名作者，我再也不寫什麼科幻小說了！」

一氣之下，他走到壁爐邊，準備把書稿都燒了。

「不能燒呀！」妻子把手稿搶了過去，說：「凡爾納，別灰心，再試一次啊！也許機會和運氣就要來了呢！」

凡爾納聽了妻子的勸告，於是帶著稿子，毅然地來到第十六家出版社。

這家出版社的經理赫哲爾是個頗具獨到眼光的人，在他讀完凡爾納的原稿後，發現他的作品有一種與眾不同的獨特魅力，更斷定凡爾納是個很有才華的年輕作家，一定會在文壇大放異彩。於是，他決定立即出版此書，還與凡爾納簽訂了長達二十年的合約。

果然不出赫哲爾所料，《氣球上的五星期》出版後，受到廣大讀者的歡迎，而凡爾納的科幻小說從此也風行全球。

從三十五歲寫了第一本科幻小說開始，直到七十七歲逝世為止，整整四十二年，凡爾納手上的筆從未停頓過。

很多時候，阻礙我們成功的「小人」並不是別人，恰恰是我們自己，只要戰勝自己，誰都能握住成功的契機。

因爲妻子的支持，鼓勵凡爾納「再試一次」，所以才能讓凡爾納抓住這第十六次的機會，並且登上科幻小說大師的崇隆地位。

挫折與艱困，常常會讓人受不了身心的折磨而萌生放棄的念頭，只是，當你細細回想前路的辛苦，都付出那麼多了，就這麼放棄了，不是很可惜嗎？

這個時候，不如換個角度想吧！與其日後抱怨，付出那麼多卻沒有得到回饋，不如繼續堅持下去，再給自己一次機會。

用心經營自己的人生

生命的價值，是在人與人之間的互動中建立，不管是待人還是對自己，都需要花費心思經營。

英國思想家柯立芝曾說：「人如果不能飛昇成為天使，那麼，毫無疑問的，他將墮落成為魔鬼。」

當不成天使，也不用淪落爲魔鬼；可以當好人，又何必當小人？無論眼前的際遇是好是壞，都不要讓自己墮落成讓人厭惡的人。

不要否定自己，也不要總是抱著同情的眼光看待不幸的人，人與人之間因爲有互動和激勵，才會有不斷進步的人生。

有個缺了一條腿的乞丐，經常坐在一家銀行的門口乞討，這家的銀行主管經過時都會朝乞丐的杯子裡投一個硬幣，但是，和別人不同的地方是，他一定都會同時拿走乞丐身旁的一支鉛筆。

有一天，他對乞丐說：「你或許會覺得奇怪，為什麼我非得拿你的鉛筆不可？我告訴你吧！因為我是一個商人，既然花了錢，就得拿回一件貨真價實的東西。你要記住，我不是在拖捨你，而是在和你做買賣。」

不久之後，門口那個蜷縮的乞丐不見了，慢慢地銀行家也把他給忘了。

直到有一天，他走進一家大型文具店，赫然看見那個流浪漢，竟衣著光鮮地坐在櫃台後面工作。

「我一直期盼，有一天您能到這兒來光顧！」這位店主相當開心地對銀行家說：「今天，我能夠在這兒工作，都是您的功勞。自從聽您說了交易的道理之後，我告訴自己，再也不要成為依靠別人施捨的乞丐，同時開始做起鉛筆生意，而且越做越有心得。這是您給我的鼓勵，更給了我生存的自尊，徹底地改變了我的人生。」

在這個物慾橫流的社會，許多人只顧著追逐眼前的虛榮，喪失了高貴的情操、崇高的理想和豐富的觀點，變得庸俗、粗鄙、媚俗。

從這個小故事中，我們看見了這位銀行家對別人的尊重，他的小動作看似平淡無奇，但是其中意義卻是非常深刻。

生命的價值，是在人與人之間的互動中建立，不管是待人還是對自己，都需要花費心思經營。

故事中這位銀行家和乞丐之間的互動便是如此，一個給了別人肯定的尊重，一個懂得肯定自我價值，才能有創造乞丐變老闆的奇蹟。

智謀經典

52

純真過頭，小心變豬頭

作　　者　公孫龍策
社　　長　陳維都
藝術總監　黃聖文
編輯總監　王郡凌
出 版 者　普天出版家族有限公司
新北市汐止區忠二街 6 巷 15 號
TEL / (02) 26435033 (代表號)
FAX / (02) 26486465
E-mail：asia.books@msa.hinet.net
http://www.popu.com.tw/
郵政劃撥 19091443 陳維都帳戶
總 經 銷　旭昇圖書有限公司
新北市中和區中山路二段 352 號 2F
TEL / (02) 22451480 (代表號)
FAX / (02) 22451479
E-mail：s1686688@ms31.hinet.net
法律顧問　西華律師事務所・黃憲男律師
電腦排版　巨新電腦排版有限公司
印製裝訂　久裕印刷事業有限公司
出 版 日　2022 (民 111) 年 5 月第 1 版
ISBN◉978-986-389-822-1　　條碼 9789863898221

國家圖書館出版品預行編目資料

純真過頭，小心變豬頭／
公孫龍策著.—第 1 版.—：新北市,普天出版
民 111.5 面；公分. - (智謀經典；52)
ISBN◉978-986-389-822-1 (平裝)

普天之下・盡是好書
普天出版家族
Popular Press Family
凌雲文創
A Plus Creative Company